2020年

新时代交大名师

上海交通大学"教书育人奖"事迹汇编

上海交通大学党委教师工作部　主编

上海交通大学出版社
SHANGHAI JIAO TONG UNIVERSITY PRESS

内容提要

本书由获得上海交通大学 2020 年"教书育人奖"个人奖一、二等奖和集体奖一、二等奖获奖个人及团队先进事迹共 36 篇文章汇编而成。

为全面贯彻党的教育方针，推进落实全国高校思想政治工作会议精神，深入推进"学在交大"，增强广大教师"立德树人、教书育人"的荣誉感和责任感，2017 年起，上海交通大学启动了首届"教书育人奖"的评选工作，每年一届，2020 年为第四届。为充分展示获奖个人及团队的先进事迹，上海交通大学主页推出了"交大名师"专栏，对获奖教师的事迹进行展示，本书将其汇编，旨在充分发挥获奖教师或团队引领示范作用，激励广大教师心有大我、至诚报国，教书育人、敢为人先，淡泊名利、甘于奉献，进一步坚持"价值引领、知识探究、能力建设、人格养成"四位一体的人才培养理念，全面加快中国特色世界一流大学建设。

本书适合所有高校教育工作者和教育管理者阅读、参考。

图书在版编目(CIP)数据

新时代交大名师：2020 年上海交通大学"教书育人
奖"事迹汇编／上海交通大学党委教师工作部主编. —
上海：上海交通大学出版社，2021
ISBN 978－7－313－24938－8

Ⅰ. ①新…　Ⅱ. ①上…　Ⅲ. ①上海交通大学—优秀教
师—先进事迹—2020　Ⅳ. ①K825.46

中国版本图书馆 CIP 数据核字(2021)第 087544 号

新时代交大名师
XINSHIDAI JIAODA MINGSHI
2020 年上海交通大学"教书育人奖"事迹汇编

主　　编：上海交通大学党委教师工作部
出版发行：上海交通大学出版社　　　　　　　地　　址：上海市番禺路 951 号
邮政编码：200030　　　　　　　　　　　　　电　　话：021－64071208
印　　制：上海万卷印刷股份有限公司　　　　经　　销：全国新华书店
开　　本：710 mm×1000 mm　1/16　　　　印　　张：12.5
字　　数：194 千字　　　　　　　　　　　　插　　页：2
版　　次：2021 年 5 月第 1 版　　　　　　　印　　次：2021 年 5 月第 1 次印刷
书　　号：ISBN 978－7－313－24938－8
定　　价：68.00 元

上海交通大学2020年"教书育人奖"一等奖（个人奖）颁奖现场

上海交通大学2020年"教书育人奖"一等奖（集体奖）颁奖现场

序　言　Preface

十年树木，百年树人。高校只有培育出一流人才，才能够成为世界一流大学。立德树人是交大永续发展的立身之本，其关键在于教师能不能担负起塑造灵魂、塑造生命和塑造新人的伟大使命。育人神圣是交大人共同的不懈追求，其关键在于帮助学生立大志、明大德、成大才、担大任，努力成为堪当民族复兴重任的时代新人。

今年是交通大学建校 125 周年。125 载沧桑砥砺，风流竞现；125 年风雨兼程，桃李满园。回望交大辉煌历史，最令人自豪的是学校培养了近 40 万优秀校友，他们在祖国各地、各行各业为母校带来荣光。在今年温馨隆重的校庆大会上，2019 年度国家最高科学技术奖获得者黄旭华学长深情告白"我到处都说我是交大毕业，我一直在外面讲我没忘记交大的"，情真意切，催人奋进，这也给我们启示：大学的名气是校友和老师成就的。

百廿交大，因图强而生、因改革而兴、因人才而盛。在民族危亡之际，盛宣怀秉持"自强首在储才，储才必先兴学"的宏愿创办南洋公学。唐文治老校长主张"欲成第一等学问、事业、人才，必先砥砺第一等品行"，强调以第一等品行为根基，成就第一等学问、事业和人才。这样一种育人为本、德育为基、敢为人先的育人理念，在交大不断得到光大发扬。交通大学为国家的现代化进程做出了许多不可磨灭的贡献，之所以有灿若群星的杰出人才从这所学校走出，这背后是无数爱教乐教、甘于奉献的交大教师在三尺讲台上矢志不渝、呕心沥血。

让每一个学生都更加优秀，激励每一个老师争当"四有"好老师，是新时代交大的追求。为全面贯彻党的教育方针，深入推进"学在交大"，2017 年学校隆重设立"教书育人奖"，每年一届，作为人才培养的校级最高荣誉，重点表彰在学校"立德树人、教书育人"工作中做出突出贡献、在推动学生"教育增值"上起到示范引领作用的优秀教师。

　　2020 年"教书育人奖"获奖教师团队和个人长期奋战在教育教学一线,潜心教书、育人不辍,精勤不倦、勇于创新。他们当中有几十年如一日耕耘三尺讲台的德高望重的老教授;有教研相长、锐意改革的学术中坚;也有甘为人梯成就学生未来和梦想的新秀教师。这些可亲可敬的老师们,坚守立德树人、教书育人的时代要求,在平凡而又神圣的教师岗位上培育出满园芬芳桃李,书写出人生绚丽华章,他们是新时代上海交通大学教师群体的优秀代表。将这些优秀教师典型的事迹材料结集出版,对于培育广大教师家国情怀、仁爱情怀、传道情怀,践行"学在交大、育人神圣"理念,凝聚交大人改革发展的精气神,具有重要的引领作用和现实意义。相信这一个个先进典型就像一缕缕春风,激励和鞭策更多的交大人,在三尺讲台成就伟大,在教书育人的点点滴滴中书写崇高。

　　站在"两个一百年"历史交汇点上,学校胜利召开第十一次党代会,全面总结了第十次党代会以来各项工作取得的成绩与经验,客观分析了当前所处的历史方位和面临的机遇挑战,明确了面向二〇三五年、二〇五〇年"两个十五年"的奋斗愿景,确立了人才强校、育人为本等学校面向未来发展的重要战略,提出了加快构建"综合性、创新型、国际化"的办学新格局。实现这一宏伟目标,关键是抓住全面提高人才培养能力这个重点。我们要坚持以兴邦为任、以育人为本、以创新为魂,勇担为党育人、为国育才使命,让优秀人才培养出更加优秀的学生,让"学在交大、育人神圣"成为更加自觉的行动。我们要健全"招生—培养—就业—校友"全链条育人体系,将价值引领贯穿于育人全过程,厚植家国情怀,强化多部门联动、多环节协同、多阶段衔接,形成相互增益的育人大格局。我们要视学生如儿女,把关心关爱学生做细做实,用心用情用力做好人才培养的"大文章",不断提升每个学生的归属感、获得感和幸福感,以实际行动生动诠释"爱在交大"!

　　谨作此序,亦自勉之。

上海交通大学党委书记　杨振斌

2021 年 4 月

目　录 Contents

"教书育人奖"个人奖

"教书育人奖"集体奖

一等奖

不忘学医初心，牢记育人使命

课程教学和教学改革只有进行时，没有完成时

服务国家发展战略,培养知华友华人才

二等奖

以"自主创新能力培养"为目标,以"学生主导"为理念

全球视野、交叉学科、创新为道、质量为本

凝心聚力,打造国际一流生物医学工程人才培养体系和评价体系

夯实数学基础,助力展翅高飞

育人与创新同举,责任与使命同行

"教书育人奖"个人奖

一等奖

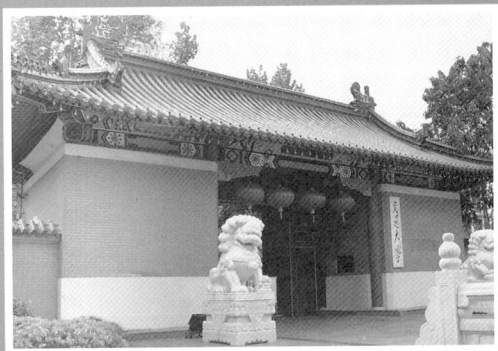

杨建民：培养世界一流人才是我毕生的追求

【名师名片】

杨建民，上海交通大学2020年"教书育人奖"一等奖获得者。上海交通大学船舶海洋与建筑工程学院讲席教授。1988年上海交通大学博士毕业。现为三亚崖州湾深海科技研究院院长，曾任船舶海洋与建筑工程学院院长，海洋工程国家重点实验室主任。获国务院颁发的政府特殊津贴，获全国海洋科技先进工作者、上海市领军人才、上海市优秀学科带头人等荣誉称号，以及国家科技进步二等奖、上海市科技进步一等奖等。

【名师名言】

■ 对接国家重大需求，立足国际学术前沿，培养世界一流人才是我毕生的追求。

■ 祖国的需求始终是最深切的召唤。一个学者，必须把自己的研究与国家的战略需要联系起来，这样就不会迷失方向。有了大舞台，才能有大眼界，做大事业。

■ 好奇心、难题和挑战带来的吸引力、取得突破后可能产生的深远影响，是科学研究的真正动力。这种动力能使人痴迷、执着、甘愿放弃常人享受的乐趣，从而能充满激情地持续奋斗。

■ 到达科研目的地的"捷径"就是持之以恒的努力。

2020年教师节到来之际,杨建民获得了上海交通大学"教书育人奖"一等奖。从教30多年来,杨建民获得的大大小小的奖励不计其数,可是在杨建民心中,这个荣誉却是最为珍贵的。

欲假舟楫济沧海

从古罗马帝国开始,人类就开始关注浩瀚的海洋。历史一再证明,一个国家的发展进步与其对海洋的重视程度以及航海技术的水平是密不可分的。当下,海洋强国已经成为国家强盛的核心内涵。

1978年,在太湖边长大的杨建民怀着开发利用海洋的蓝色梦想,考入中国船舶工业人才的摇篮——上海交通大学船舶与海洋工程专业。本科毕业后又先后师从我国船舶领域著名专家——盛振邦教授与王国强教授,获得硕士和博士学位。作为改革开放后恢复高考的第一届毕业生,他深切体会到国家发展对于人才的迫切需求,于是毅然选择留校任教,投身于国家高等教育事业。弹指一挥间,他已在船舶与海洋工程教育一线工作了三十余年,先后担任船舶与海洋工程系系主任、船舶海洋与建筑工程学院院长、海洋工程国家重点实验室主任。他是上海交大船舶与海洋工程学科的建设者和亲历者,见证了我国船舶与海洋工程学科从无到有、从小到大、从追赶到引领这个艰难而又光辉的奋斗历程。在此期间,他培养了我国一批又一批船舶与海洋工程领域的中流砥柱。在学生心里,杨建民所倡导和践行的为国奉献的理想情怀和迎难而上的创新精神早已成为他们内心深处最坚定和最温润的滋养。

三尺讲台,三十年耕耘

从教30余年,杨建民坚持每年为本科生授课,不仅承担了"船舶流体力学"和"船舶推进"核心专业课,还先后开设了"船舶与海洋工程导论""海洋工程环境载荷""船舶与海洋工程试验研究"等本科生课程,形成了海洋工程学科骨干课程体系。在本科生课程"船舶与海洋工程导论"上,不仅有扎实的水动力学知识、最前沿的科技成果，还有杨建民扎根祖国大地的爱国情、报国志。他的课成了"网红"课程，深受学生们的喜爱，评分很高。杨建民常常对学生们说："祖国的需求始终是最深切的召唤。我们交大人，必须把自己的学业和研究与国家的战略需求联系起来，这样才能不迷失方向。有了大舞台，才能有大眼界，做大事业。"

杨建民的教学思想一贯是重视基础教学，重视试验教学，要求学生专业知识面宽，理论联系实际。我国船海专业规划教材《海洋工程水动力学试验研究》、"十二五"国家重点图书《船舶与海洋工程环境载荷》等，都是他带领团队倾注了大量的心血编著而成的。教材博采众家之长，结合交大船舶与海洋工程教学实践，自成体系。

每当学生在学习中遇到问题时，杨建民经常鼓励他们独立思考、独立解决，让他们充分打开想象空间，鼓励他们不要迷信权威，相信自己探索和创新的能力。在科研中他要求学生协同工作，组成合适的团队和研究小组，共同攻关具有一定难度的技术问题。他担任指导教师的"深海矿产资源开发装备研发"项目获2017年第十五届全国"挑战杯"特等奖，这是船建学院首次获此殊荣，也是全国船舶与海洋工程学科首次获得该项赛事近30年历史上的第一个全国特等奖。

2019年，杨建民主持的教学成果"服务海洋强国战略，创建与新时代同向同行的船海工程一流人才培养体系"获得上海交通大学教学成果特等奖。

在重大工程中培养创新人才

"强国必先储才"，要实现核心技术创新能力的国际竞争，人才培养是关键，特别是创新型人才。如何培养适应船舶与海洋工程领域的优秀创新人才是杨建民多年来一直在思考的问题。

在他看来，要培养创新精神就必须从培养创新勇气开始。一个善于创新的人必须具备勇于探索，敢于攻克世界前沿理论和方法的精神。培养学生时，杨建民很重视他们的研究选题，注重选择国际研究前沿的重大问题，通过树立明确的前沿性目标，并时刻给予学生关键性的指导和共同分析，培养学生面对世界级难题时勇于挑战、永不言败的精神和勇气。他经常鼓励学生们："做研究要勇于走出自己的舒适区,去挑战新的东西。"尽管工作繁忙,但他办公室里还是经常坐满了讨论问题的学生。给大家留下深刻印象的是杨建民一丝不苟的科学精神,从整体方案到每一个细节,他都反复推敲,认真考证。

同时,研究生的选题注重对接国家重大战略需求的研究项目,研究内容主要来源于科研、生产一线的重大需求,通过与产业需求的密切合作,一方面他们可以接触到宝贵的第一手资料,学习从生产实际中提炼出科学问题,开展世界前沿水平的研究;另一方面研究结果可在工程实践中得到应用,并迅速得到检验和优化,有利于获取重要研究成果和发表高水平论文,并最终使得培养的人才能够迅速融入产业科研的体系中。他指导的博士生赵文华、梁修锋、吕海宁等人获得上海市优秀博士论文,指导的博士生邓燕飞获得 2019 年全国船舶与海洋工程学科优秀博士论文。博士生熊凌志毕业时选择了只身一人前往西部大开发的前线——广西北海就业,并在北海港建设和扶贫攻坚中做出重要贡献。

始终保持危机意识,做国家最需要的事

"可上九天揽月,可下五洋捉鳖"是中国人的梦想。面对浩瀚的海洋,在深海中探宝寻宝,必须有海洋般波澜壮阔的视野、勇气、信心和胸怀。

杨建民认为,从事工程技术的科研人员,一定要具有不断超越的追求和开阔的眼界,不能一味地追随国外的研究,不能满足于只从事一些简单的仿制研究。在选择科研课题时,一定要树立超越别人的勇气和信心,仅仅关注学科领域的重点、热点还不够,还应具备选择潜在发展方向的能力,寻找、发现关键技术和解决难点的能力,以及矢志不渝的恒心和攻坚克难的意志。只有具备这种信念的人,才能主动承担世界前沿的重大课题研究,创造出世界领先的技术。

为适应我国海洋油气资源开发向深海发展的需要,国家批准研究建设我国第一座海洋深水试验池。作为世界首个模拟能力达 4 000 米水深,具备风浪流等复杂海洋环境模拟能力的海洋深水试验池,其规模、综合测试能力世界领先。该研究设施的研发建设为国内首次,可以用来借鉴的国外成功经验极少,面临诸

多关键技术难题需要攻关和解决,其中包括深水造流技术与系统方案设计、深水消波技术、大面积无级调节水深等世界性难题。

2003年起,杨建民担任该建设项目的主要技术负责人,和团队成员一起开展了调研、规划、协调、申请、论证、筹建等各项工作。课题组知难而上,攻克了十余项各种技术难题和关键技术,获得可直接应用的发明专利授权二十余项。2008年海洋深水试验池顺利建成并投入使用。其规模、功能和装备水平可与世界上最先进的试验水池相媲美。目前水池正承担诸多国家级重大科研项目和国际合作项目,是我国发展深海工程技术不可或缺且为世界所瞩目的大型科研设施,在我国已经或即将启动的、为南海开发所研制的一大批大型开发装备的研发、设计、优化、建造与应用中发挥了重要的支撑作用。2018年,"4 000米级深海工程装备水动力学试验能力建设及应用"获得国家科技进步二等奖。

在水池试验取得成功的同时,杨建民把目光转向了海洋平台监测和安全保障。对于海洋装备的研发体系来说,数值仿真和模型试验一直是最主要的研究手段,而海上现场监测却一直未能得到充分发展。这对于一项实践类的专业而言,无疑是非常可惜的。为此,杨建民率领团队从2006年开始在我国奋进号FPSO上开展监测活动,这是我国较早开展的海洋平台实测研究。经过十几年的发展,团队在海洋平台监测方面取得了瞩目的成绩,不仅对"海洋石油981"和"蓝鲸Ⅱ号"等超深水钻井平台开展了监测活动,而且还针对十多个国内外安装工程开展了现场监测和安全保障研究。通过监测获得的宝贵一手数据,有力支撑了基础研究的突破。在此期间,一批年轻有为的青年学者迅速成长起来。2019年,团队凭借海上平台监测的成果荣获上海市科技进步一等奖。

近年来,深水油气开发已经进入一个技术相对成熟的阶段,深水开发能力已经可达3 000米水深。然而,一个从来未被人们遗忘的宝藏是深海矿产资源,它们广泛赋存于3 000~6 000米深的大洋海底。由于极高的技术难度,深海采矿是目前国际前沿科学和工程难题,被称为"深海工程的珠穆朗玛峰"。在巨大战略利益的驱动下,深海采矿也成为世界各国争先发展的战略新兴产业。杨建民敏锐地看到这一点,他表示,"海洋工程的未来在深海采矿"。2015年,杨建民带领团队投入深海采矿工程中,创新研制了大尺度矿石提升测试系统,开展了全尺度一体化开采系统动力学试验研究。现在,他们正在围绕深海采矿的核心装备——采矿机器人进行设计、研制和测试。经过几年的努力,杨建民团队已经成为国内深海采矿领域中一支不可忽视的力量。目前他正与相关核心单位一起协作,为抢占国际深海矿产资源开发技术高地而加班加点工作着。

从实验室到海上测试,再到深海采矿工程,这其中的转变不可谓不大。杨建民总结其为"始终保持危机意识,做国家最需要的事"。这句话,在当今国际政治经济环境大变化的局面下,显得尤为入耳。

回首往事,杨建民总是说:"党和国家给了我发展的机遇,上海交大培养了我。"从青年学子到斑斑白发,他心无旁骛,一路走过,为学术而坚守,为责任而担当,为奉献而幸福。教书育人,责无旁贷,杨建民朝着将"交大船海"锻造成世界一流学科,为国家培养更多优秀人才的目标努力着,奋斗着!

郭为忠：做一个仰望星空、脚踏实地的好老师

【名师名片】

郭为忠，上海交通大学2020年"教书育人奖"一等奖获得者。上海交通大学机械与动力工程学院长聘教授，博士生导师。长期从事现代机构学、并联机器人和重大装备创新设计理论与技术研究，曾获教育部新世纪优秀人才，教育部自然科学一等奖，上海市技术发明一等奖，宝钢优秀教师奖（2次），校首届晨星学者奖励计划SMC优秀青年教师奖、华为优秀教师一等奖、教学新秀、卓越教学奖、教书育人奖个人一等奖，领衔团队获校教学成果特等奖、教书育人奖集体二等奖。创建的本硕博贯通新工科课程"设计与制造Ⅱ"先后入选上海市重点课程、精品课程、优质在线课程，配套实验入选国家虚拟仿真实验金课。主持国家自然科学基金青年/面上/重点、863、ZR航天预研基金等课题20余项。现任教育部机械基础课程教学指导分委员会委员、全国机械原理教学研究会副理事长、全国机械设计教学研究会秘书长、IFToMM（国际机构与机器科学联合会）常设教育委员会委员，中国机械工程学会机械传动分会副总干事、机器人分会委员、IFToMM中国委员会副主席、IFToMM连杆与机械控制技术委员会委员。

【名师名言】

■ 课程教学应该始终需要做到与时俱进，要和学科领域研究的最新发展相关联。

■ 以科研的思维和习惯来训练、武装我们的同学，通过"学中做""做中学"，激发同学们探究式学习和解决问题的热情。

■ 带领同学们"仰望星空，脚踏实地"，激发家国情怀和使命感，练就建设国家的真本领。

■ 鼓励在研究中打破一切思想束缚，推崇大胆创新、小心求证的精神。

博士毕业留校工作二十多年来,郭为忠始终怀揣一颗对学生负责的赤诚之心,潜心科研、热心教学,用扎扎实实的行动,努力去做一个仰望星空、脚踏实地、为学生称道的好老师。

贯通教学与科研

郭为忠始终坚持科研与教学并重、科研反哺教学,先后主讲过"机械设计基础""机械原理""机械动力学""机电一体化课程设计""设计与制造Ⅱ"等多门专业课程。其中,"机械原理""设计与制造Ⅱ"是机械工程的专业基础课,也是机械工程领域的入门课程,其研究对象是现代机械和机器,形象地说就是现代装备的"骨骼系统"及其运动原理,它对帮助学生初步建立对现代机械和机器的基本认知、构建对装备运动系统的创新设计能力至关重要。

但"机械原理"又是一门经典的传统学科,它诞生于18世纪80年代瓦特改进蒸汽机的第一次工业革命时期,而如今机器的形态已经发生了天翻地覆的变化,人们对机器的理解和认知一直都在不断地迭代。现代机械和机器大多已是机电一体化的多学科交叉的技术系统,而不仅仅只有机械系统,因此如果只是就事论事、仅限于讨论"骨骼系统"的问题,往往带给学生"只见树叶、不见树木"的感觉,对所学的专业知识与当今世界变化万千的真实机器之间的内在联系不甚了解,这会消减他们的学习兴趣,模糊了课程学习的目的。

怎么样在新时代讲好经典的"机械原理"和"机械设计"课程,需要跳开传统的课程内容框架,另辟蹊径。由于机械和机器是随着时代不断发展、进步的,因此课程的教学就应该始终做到与时俱进,要和学科领域研究的最新发展相关联。课程背后的学科之一是"机构与机器理论",也称"机构与机器人学"。两门课程本质上都是"活"的课程,学科发展和科学研究就是其"活"起来的源泉。因此,立足课程教学需要,郭为忠将科研和教学贯通起来,全力投入本科生培养,大胆引入了课题组有关现代机械和机器的"三子系统论"等科研新成果,从机电一体化的系统层面来切入课程讨论,更新了对现代机械和机器的整体认知,重构了课程的内容体系和知识架构,带给学生观察现代机械和机器的全新视角,使得他们在认知一部现代机器时能够从容应对。

与此同时，"机械原理"和"机械设计"又是实践性很强的学科，机械与机器的创新设计与分析是现代机械工业产品创新的核心议题。因此，郭为忠基于对现代机械产品创新开发过程的研究和理解，以项目式教学思想为指导，引入了企业产品开发过程模型，并以此为依据重塑了课程项目的指导过程，把课程项目的指导划分为调研和立题、概念设计、详细设计、原型制作与改进4个阶段，学生每个学期会经历不同阶段的训练，也就对企业的产品开发过程有了切身感受和经验积累。

同时，围绕这个项目的指导过程，郭为忠把专业知识的课堂教学的进度也作了相应的调整，适当超前于项目的进度，以便为学生及时补给所需，满足项目开展过程中对新知识的需求，这样就形成了课堂教学主线围绕课外项目主线、2条时间主线稍稍错位但又并行的"双主线"项目式教学技法。

另外，用科研思维贯穿课堂教学、课外项目全过程，郭为忠提出了微科研训练技法，把课外项目的开展当成了一个微型的科研过程，"麻雀虽小、五脏俱全"，从项目的调研和立题，到方案的提出和优化，再到实物原型的加工和调试，全程以科研的思维和习惯来训练、武装学生，通过"学中做""做中学"，激发学生探究式学习和解决问题的热情。为推广微科研训练理念，郭为忠2014年还创建了上海交通大学"机构与机器人大学生创新工作室"，指导本科生科创活动，成绩显著，工作室多次被评为优秀。

桃李不言，下自成蹊。郭为忠的课程教学取得了一系列实效，学生作为第一发明人申报并获得了授权发明专利二十余项，课程学生连续四届参赛并获IFToMM主办的大学生机械原理国际奥林匹克竞赛（SIOMMS）个人和团体的冠军或亚军，上海交大代表队是唯一连续四届均获奖的大学代表队，为国家和学校争得了荣誉。2019年，郭为忠当选IFToMM常设教育委员会的委员，是来自中国大陆地区的唯一委员。

连通教书与育人

《礼记·文王世子》中说，"师也者，教之以事而喻诸德者也。"郭为忠认为，教书与育人是天然相通的,在专业课程的教学中,教师同样肩负着"立德树人、教书育人"的重任。教师要善于架起做好课程学习与推动人类进步、实现国家发展和中华文明伟大复兴之间的桥梁,带领学生"仰望星空、脚踏实地",激发同学们的家国情怀和使命感,引导同学们通过主动、深度地学习,练就一身报效祖国、建设国家的真本领和为国拼搏奋斗的使命感。

在建设"设计与制造Ⅱ"课程的过程中,郭为忠紧扣"中国制造2025"强国建设和自主创新能力建设的国家发展大战略背景,围绕"课堂教学""课外项目"这两条课程教学主线,遵循知识点、能力点、思政点"三点合一"的原则,系统梳理、挖掘课程各环节、各章节所蕴含的思政元素,弘扬我国古近代机械辉煌成就,关注我国当代最新科技发展,了解制造强国和创新型国家建设的国家发展战略,崇尚科学精神和思维创新,激发学生的历史自豪感、时代责任感和使命感以及敢创新和善创新的思想火花,引导学生关注人类发展、国计民生、企业发展、社会生活等需要,通过项目调研来训练把握国内外发展现状的科学精神,通过项目立题来训练关注人类、国家和社会进步、发现问题的能力,通过项目开展过程的训练来培养学生精益求精的大国工匠精神和专业创新能力。

春风化雨,润物无声。他在教学实践中寻求教书与育人的连通,为"教书育人,立德树人"的根本目标"守好一段渠、种好责任田"。他的课程思政经验被选入学校推荐的四个典型案例,在2020年上海高校课程思政建设研讨会——上海交通大学分论坛上进行了汇报,产生了积极的社会影响。

融通传承与发展

郭为忠认为,要上好一门专业课程,需要做好两个方面的传承与发展。一方面,要做好一门专业课程的教学,需要长期的探索和经验积淀,需要几代人坚持不懈的努力。刚开始工作时,郭为忠对课堂教学没有什么经验,他便主动向老教师求教,到老教师的课堂"蹭课",用心揣摩老教师把握课堂节奏的讲课技巧,模仿他们的授课风格。慢慢地,随着教学经验的积累和科研成果的丰富,他对课程教学从最初的"照猫画虎"到"游刃有余",渐渐有了自己的经验和体会。

2002 年起,郭为忠担任了"机械原理"主讲教师。在导师邹慧君教授的带领下,他将"机械原理"建成了上海市首届精品课程。在长达十多年的主讲实践过程中,他虚心向邹先生等老一辈学习,博采众长,不断探索课程的教学技法,年年有改进,逐渐形成了自己的教学风格。

2015 年,他参与学院本硕博贯通课程新体系的建设,将"机械原理""机械设计"两门课程合并,引入学科研究成果,融入项目式教学思想,创新教学模式,创建了新工科课程"设计与制造 II",带领课程团队将其建成了上海市 2017 年重点课程和 2018 年精品课程,并将课程配套实验建成了 2018 年的国家虚拟仿真实验金课;精心制作在线课程,在"好大学在线""爱课程"分别上线,首次在线开课的选课人数达 3 200 余人,课程入选 2019 年上海高校优质在线课程。

另一方面,在传统、现代甚至未来的机械与机器之间,必定存在一个传承与发展的内在关联。现代的机械与机器是从历史中进化发展而来的,但这样的内在关联在目前的课程教学中是被忽视的,背后的原因是缺乏相关的科学研究。它需要我们通过研究加以揭示,并通过探究式教学内化为学生的基本认知,这样才能让我们的学生具备适应未来变化的核心能力。在这方面,邹慧君教授带领团队从企业创新开发具有自主知识产权的现代机械产品的现实需求出发,在现代机械与系统及其创新设计领域持续开展了三十余年的科研工作,产生了现代机器"三子系统论"及机电一体化产品创新设计方法等科研成果,学术影响广泛,为课程教改奠定了学科基础。

在此基础上,郭为忠积极思考课程教学的变革途径。通过梳理,他从两个视角揭示了传统、现代、未来的机器之间的内在联系,一是从包含的功能子系统的视角来观察,现代机器与传统机器本质是相同的;二是从功能实现的视角来看,现代机器和传统机器的设计也是一脉相承的。但与此同时,功能模块的实现手段不同,现代机器的功能模块的实现手段较之以往大大丰富了;功能元的求解空间极大地拓展,特别是控制功能载体的变革为人机交互、大数据、人工智能等信息新科技的介入留下了有效接口,机器的物理面貌变得更加多姿多彩了,现代机器必然朝着结构简单化、功能多样化、性能最优化、运行智能化的方向发展。

基于此,郭为忠从课程的研究对象和项目过程两个维度对课程进行了重塑,将课程对象从机构和结构拓展为现代机械和机器,将项目过程从简单的设计制作转换为以企业产品开发过程模型牵引的从市场需求调研、到方案创新、再到原型制造、装配和调试的较为完整的全过程。

畅通理论与实践

在"教书育人、立德树人"的同时,郭为忠潜心学术前沿研究,服务国家发展战略,取得丰硕的科研成果。他的研究领域是现代机构与机器人学及其在重大装备创新研发中的应用,获得了国家发明专利授权50余项、省部级科技一等奖5项、"中国好设计(创意奖)"2项,为我国攻克大型航空发动机机构自主设计难题做出了贡献。他积极发挥研究生科研主力军的作用,在指导硕士和博士研究生工作中,注重将思想引导和科研指导有机结合起来,将工程难题研究与基础理论突破结合起来,从学业、科研、生活、人生成长等多维度、全方位关心和培养学生,强化研究生只争朝夕、练就真本领、将来报效祖国的紧迫感,激发研究生在国家实现制造强国梦、推动国家和社会科技进步进程中要发挥主力军作用以及为实现中华民族复兴伟业添砖加瓦的使命感、责任感和荣誉感。他努力营造国际化科研氛围和温馨和谐的人文环境,鼓励在机构学研究中打破一切思想束缚,鼓励大胆创新、小心求证精神。他身先示范,带领研究生在解决学科难题和工程难题的过程中,勇攀科技高峰、争创世界一流,形成了积极向上、团结奋斗、能力自信的良好氛围。他是欧亚六国合作"高等机器人硕士学位(EMARO,EMARO+)"教育项目发起人之一,为学科建设评估以及研究生国际化培养做出了贡献。

他指导的研究生被评为"工程硕士实习实践优秀成果获得者"(全国优秀专业硕士),其中上海交通大学优秀博士/硕士毕业生6人、优秀党/团员6人、三好学生5人,学院优秀硕士学位论文3人。郭为忠多次获得"最受欢迎导师""最佳导师奖"等荣誉。

孔海南：皎皎洱海月，桃李沐春风

【名师名片】

孔海南，上海交通大学 2020 年"教书育人奖"一等奖获得者。上海交通大学环境科学与工程学院讲席教授，国家水体污染控制与治理科技重大专项首席科学家，政府特殊津贴获得者。毕业于同济医科大学（现华中科技大学同济医学院），获日本国立山口大学博士学位。2019 年 11 月发起成立"上海交大洱海保护人才教育基金"。2014 年获云南省科学技术进步奖一等奖，2018 年入选首批"全国高校黄大年式教师团队"，还曾荣获全国文化科技卫生"三下乡"先进个人、上海市教卫师德标兵、上海市教卫优秀共产党员、上海交通大学杰出校友思源贡献纪念奖等荣誉。

【名师名言】

■ 这是我的责任，我热爱这份工作，我们要用三十年的时间，还洱海一个更好的生态。

■ 将自己的人生设计与祖国的明天、民族的发展、社会的需求联系在一起，一辈子不后悔！

■ 我今年 70 岁了，年底就要正式退休，将从教学及科研的一线退下来，我一直思考要为"久久为功"的洱海生态环境保护事业做点贡献。

在交大的每一个学生,恐怕都听说过"老人与海"的故事:这位老人十数年如一日扎根于银苍玉洱畔,守护洱海的水清月明,他就是国家水体污染控制与治理科技重大专项洱海项目负责人、上海交通大学环境科学与工程学院讲席教授、博士生导师、上海交大河湖环境技术开发中心主任——孔海南。从教二十载,孔海南对学生说得最多的一句话就是:"将自己的人生设计与祖国的明天、民族的发展、社会的需求联系在一起,一辈子不后悔!"

以身作则,将论文写在祖国大地上

孔海南于 1983 年获同济医科大学环境医学学士学位,1988—2000 年在日本国立环境研究所水环境部担任研究员,其间攻读了环境工程博士学位并开展博士后研究工作。2000 年,中国的七大重点流域正面临大规模污染,水环境日益恶化,年过半百的孔海南于此时毅然回国,利用在日本研发的技术和积累的经验,先后参与水污染十分严重的太湖、巢湖、西湖、洱海、滇池、长江三峡、苏州河等河湖、水库的综合治理与示范工程。然而,最为牵动他心的要数大理的洱海。这个曾经以其丰富的物产和清洁的水源哺育着大理一代又一代人的"母亲湖",从 20 世纪 90 年代始,长期遭受湖水富营养化折磨,两次大规模蓝藻的暴发使湖水水质急剧恶化。洱海环境的恶化牵动着全国人民的心,也引起了国家的高度关注。洱海保护被纳入国家"水体污染控制与治理"科技重大专项。在这场洱海保卫战中,孔海南带领团队,以实际行动坚持"把科研论文写在祖国大地上"。他作为课题负责人连续承担了我国的"十五""十一五"及"十二五"计划重大专项、国家自然科学基金等多个科研项目。团队用 10 年积累、5 年实践、3 年攻坚,让曾被过度开发不堪重负的美丽洱海,逐步重现了昔日大理"母亲湖"的风采。洱海治理的成果被称为全国湖泊治理的生态样本,被列为国家水专项重大标志性成果,被国家环保部表彰为"洱海保护模式",成为全国的一面旗帜,使大家坚信通过科学治理,全国的江河湖海都可以得到有效治理,重现青山绿水的美好环境。

2014 年的"世界环境日"(6 月 5 日),孔海南作为代表受邀出席了总理座谈会。

2013年以来，《人民日报》《科技日报》、中央电视台等国内主流媒体分别以题目"老人与海，孔海南的洱海情结""孔海南洱海守护者""为了洱海水清岸碧""一切为了高原明珠""心怀使命的洱海守护者"多次报道了他的相关事迹。2015年1月20日，习近平总书记来到云南大理洱海边的湾桥镇古生村了解洱海生态保护情况，同当地干部合影后说："立此存照，过几年再来，希望水更干净清澈。"习近平总书记表示，"我是第一次来大理，从小就知道苍山洱海，很向往。看到你们的生活，我颇为羡慕，舍不得离开。"2019年11月，孔海南、王欣泽向韩正副总理汇报洱海保护工作。

言传身教，将实践课安排在治理现场

孔海南自2000年来到上海交通大学工作，最先讲授的就是"水体富营养化控制"课程，他的课堂生动风趣，课件与时俱进，将一线治理中最鲜活的案例融入教学中，深受学生的喜爱。围绕着河湖治理，他和他的团队还开设了"水处理工程课程设计""生态设计与工程"（全英文）"湿地生态"等课程。

不仅如此，在上海交大的新生课堂、励志讲坛、青年骨干教师培训班都可以看到孔海南的身影，他将自己三十余年日本求学、国外研究与回国发展的感人事迹与学生分享，激励着交大学子和青年人才励志勤学、刻苦磨炼，树立与当今时代主题同心同向同行的理想信念，在奋斗中绽放青春光芒。

孔海南的课堂在教室，更在治理现场。在学生培养中，他注重以科学研究为基础，以工程研究为手段，以现场示范为验证，将学生培养与解决实际环境问题紧密联系起来，全面培养学生的工程能力、思考能力。以洱海项目研究为例，每年都有大量的本科实习同学、硕士研究生、博士研究生等常驻大理洱海一线研究现场，根据现场实际情况，结合专业研究成果，提出解决洱海水污染问题的相关方案，使得同学在解决实际问题方面得到了很好的锻炼。孔海南培养的学生中，有深耕学术领域的学者，如胡湛波教授等；有科研机构的中坚力量，如中国环科院湖泊生态研究所总工叶春研究员、上海航道勘察设计研究院水环境所副所长尚晓等;此外,孔老师还培养了包括山东省莱阳市副市长张大磊、浙江省龙港市副市长严立等在内的扎根基层、造福地方建设的优秀弟子。

十余年来,团队共有师生1 000 余人次驻守洱海等河湖治理一线,累计行程达500 多万千米。目前常年有二十余名师生在大理等地进行实地科研,共完成野外样品采集30 000 余次,分析水质指标160 000 余次。他们把课堂从教室搬到了洱海边,把书本知识转化为解决问题的实际办法。做实验,是每天洱海水质监测的必修课。每天早上八点半出海,到下午四点半34 个采样点全部走完,团队全身心地投入到科研工作中。用自己实测得来的第一手数据作为科学研究的基础,是交大人在洱海治水的习惯传承和实践坚守。

孔海南说:"对于学生来说,去洱海了解中国少数民族地区经济社会发展现状是非常有必要的,中国不都是上海这样的现代化城市,也有大量的经济欠发达的像洱海一样的地方。"国家的发展需要各民族之间的多方面协同发展,洱海的经济社会发展不仅需要环境保护方面的学生,不同学科的学生都有用武之地。目前,每年有数十个交大师生团体去云南当地进行社会实践。

家国情怀,将洱海精神代代传承

洱海的生态环境综合治理是一项需要数十年努力的艰巨复杂的工作,洱海流域综合治理需要持续的人才培养,"久久为功"。为了让社会、民众更多地关注、投入到洱海流域的保护事业中,孔海南萌生了成立"洱源保护人才教育基金"的想法。

孔海南多方奔走,与国家投资集团、中国水环境集团等有志于参加洱海保护人才精英的央企共同发起,与交大教育发展基金会、校友总会、环境科学与工程学院、大理研究院及交大校友企业以及大理州的政府、大理大学、滇西应用科技大学、相关企业共同倡导设立上海交大洱海保护人才教育基金,用以培育洱海保护英才及资助洱海保护科学研究。

孔海南希望通过基金的设立,以奖学金、励学金的方式,鼓励上海交通大学师生开展洱海保护等水生态治理的教学、科研、实践、公益等活动,并开展洱海保护相关学术研讨、交流活动。他还希望通过基金为大理州的大学培养环境专业的人才,并帮助大理州培训更多的现职环境管理及技术干部,更专业而有效地为洱海治理及当地民生提供科学服务。2019 年 10 月 24 日,孔海南在上海交通大学教育发展基金会和环境科学与工程学院相关负责人的见证下,慷慨捐资 200 万元人民币,为上海交大洱海保护人才教育基金注入了第一笔资金。

苍山碧水吾愿白头,人间滋味尽出西洱。孔海南坚韧不拔、求真务实的学习态度和严谨细致、踏实认真的科学精神,激励着广大交大人知行矢志如一,心不忘其所向,勇往直前。

古宏晨:"育人为本、问题导向"的纳米教授

【名师名片】

古宏晨,生物医学工程学院教授,上海交通大学 2020 年"教书育人奖"一等奖获得者。入职交大 20 年,坚守"培养一个优秀的人才远比发表一篇 Science 或 Nature 文章重要"的理念,先后培养出了 70 余位研究生。获"凯原"十佳科研团队、市校教学成果奖,入选上海市"为人为学为师"典型。在科研上,带领团队坚持以问题为导向,践行"用纳米技术造福人类健康"的理念,在疾病早期诊断、血液筛查、分子影像领域培养了大批的专业人才。其团队因应对新冠疫情的突出贡献而登上了央视新闻的头条。

【名师名言】

■ 培养一个优秀人才远比发表一篇 Science 或 Nature 文章重要。

■ 我最大的快乐在于"得天下英才而育之",我最大的梦想是"纳米技术造福全人类"。

■ 为人为师为学,有所为为所能为;教书科研转化,样样抓样样都要硬。

古宏晨，化学工程学博士，现任上海交通大学生物医学工程学院教授，副院长。2001年作为特聘教授入职上海交大，近20年来，他脚踏实地、立德树人，努力践行着"科研教学两手抓，教书育人双丰收"。

桃李不言，下自成蹊。古宏晨专注人才培养实践与创新，始终坚守"培养一个优秀人才远比发表一篇 Science 或 Nature 文章重要"的理念。作为首任资深教授本科生班主任，他提出了本科生培养与引导的新举措，助力大学生梦想起航；他在科研实践中持续探索着研究生人才培养的新模式，经他培养的学生遍布祖国大地，在各个不同的行业里独当一面、成就斐然；他致力于培养年轻老师如何做一名优秀的 PI（学术带头人），经他指导的年轻学者大大提升了带领团队与育人的成效。他领衔的纳米生物医学研究中心获得了2014年上海交通大学"十佳科研团队"的称号。

在科研上，古宏晨坚持以问题为导向，以"用纳米技术造福人类健康"为理念，在疾病早期诊断、血液筛查、分子影像领域培养了大批的研究生、青年 PI 等科研生力军。2020年，我国第一个上市的新冠病毒核酸检测试剂盒正是利用了纳米团队的专利技术，使得病毒检测实现了智能化、自动化。古宏晨团队被央视采访报道，并且上了央视新闻的头条。

专注人才培养实践与创新，探索研究生人才培养新模式

因材施教，注重个体化培养、人性化管理。在长期的研究生培养过程中，古宏晨认识到，每一个学生由于成长经历的不同，都形成了各自独一无二的心智模式，也会不知不觉地形成个性化的路径依赖，导师的一个重要作用是深入了解学生的个性，挖掘学生的优秀潜质，移除影响其成长的关键性障碍。基于上述认识，古宏晨针对每一位学生的不同专业特长及性格特点，制定相应的个性化培养模式，力求因材施教。对于每一个指导的学生，入学开始不出数月，他总能深入地掌握学生在"合目的性"和"合规律性"上究竟处于什么样的状态，并且像做科研课题一样，探索最佳的方式，在后续的实践中逐步提升学生的素养。他秉承"爱为根本，严中有爱"的教育理念，与学生做朋友，分享学生的喜悦，帮助学生

解决思想上生活上的问题。在教育方式上,他总站在学生的立场上考虑问题,是引导鼓励还是建议批评,是踩油门加压还是刹车减压,他总能灵活对待。他领衔的纳米中心团队设置了很多科研方面及助管方面的奖项,激励为团队做出贡献的学生,培养学生的服务意识及锐意进取的精神,使每一位学生的特长得到发挥,使每一位学生找到自己在团队中的位置。

以课题组为实践的雏形,培养学生的责任意识、规则意识、服务意识。多年来,古宏晨与徐宏研究员以及其他几位青年老师形成了一个7~8人稳定的教师队伍,带领三十余位研究生组成了三四十人的团队。古宏晨长期以来一直认为,课题组虽然是"铁打的营盘流水的兵",但学生将自己几年宝贵的时间和我们的老师连接了起来,老师就有责任为学生"传道、授业、解惑",只要老师们意识到位,课题组的一切活动都可以成为育人的环节。

纳米中心在古宏晨的倡导下,长期以来将课题组的实验室管理作为育人的环节,培养学生的责任意识、规则意识、服务意识。纳米中心的实验室主任辅导学生自主地建立规章制度及流程,而且定期召开全体会议,对出现的问题集中讨论解决,逐步完善优化,使实验室良性运转,更加优质高效地为团队服务。纳米中心团队的每一台大型仪器都有专门的学生竞争上岗负责管理,每个人都是管理员,每个人又都是被管理者。学生在助管岗位上学会了如何通过民主的程序制定规则,学会了如何对待不同意见、如何处理违规者和不同的人沟通、如何建设性地参与一个集体的决策。在这里,老师成了真正的辅导者,而不是包办者,这样的持之以恒的努力将学生打造为一个个有责任心、有同理心、善于表达自身又能够倾听他人想法的心智更加健全的高级人才。

大小组会相互配合、科研思政双管齐下。在古宏晨的倡导下,纳米中心团队除了根据课题方向召开日常的小组会以外,坚持每月召开一次全体师生参加的大组会,这成为纳米中心践行立德树人的重要阵地。在大组会上持续地通过具体的每一个议题巩固整个课题组倡导的"以问题为中心"的科研理念、"睿智、勤奋、创新"的奋斗精神、"有责任、有担当、善协作"的团队意识。大组会上,2015年"校长奖"获得者马勇杰老师在团队中充当了思政教师的身份。每月一次的"马老师分享",以人生感悟为内容,为大家提供"心灵鸡汤",帮助学生理清思路,明确人生目标,提供精神上的激励与帮助。大组会创造了"First author presentation"(第一作者发言)的形式,发表了论文的学生现身说法,不仅介绍文章的成果发现,还剖析当初如何确定选题、科研过程中有何得失、文章撰写及投稿修改过程中获得的启迪等,通讯作者的老师为学生进行精到的讲解和评述,让每一篇文章的发表都成为课题组"以问题为中心"的科研理念的生动教案。在大组会上,鼓励学生主动根据自己分管的实验室工作,发表管理要求、提出管理措施、褒扬优秀客户、纠正不良行为,通过这些具体行为引导培养学生"有责任、有担当、善协作"的团队精神。

每周多次的小组会,以课题为单位,专门探讨学术问题,古宏晨带领 PI 们对学生进行面对面的指导,及时排解学生在课题上的困难。在这个团队里,古宏晨鼓励学生大胆地和老师平等讨论,在追求真理的科学道路上,尤其注意保护学生身上萌发的稚嫩的创新之苗,教会他们如何用正确的方法做正确的事情,用老师们自身"求真务实、科学严谨"的态度、对纳税人资金的珍视、对民众健康的关怀感染学生。

资深教授首任本科生班主任,助力大学生梦想起航

古宏晨担任 2012 级学生班主任,帮助年轻的学院打造"合力培育精英人才"的工作模式,鼓励学生认识自我、积极寻找梦想、认真规划大学的生活。

古宏晨一直将"学生的利益和发展放在第一位",他联合各方面力量,通过自身的实践为学院探索人才培养工作模式作出了贡献。他帮助制定《班主任工作规范》及《本科生导师工作规范》,从制度上保证学院教师共同参与人才培养工作,他提出了"Lunchtime——一年级本科生与教师共进午餐"的活动,让学生们及早了解生物医学工程专业,让优秀的教师更加直接地接触到本科学生,发挥全员育人的作用;带领同学们参观上海微创医疗器械有限公司,并促成学院与上海微创医疗器械有限公司共建人才培养实践基地,让同学"够"得着各种资源。

他搭建班级管理会议制度,鼓励同学"我们的班级我们建",推行班委组阁竞选制度,充分发挥每个人的特长和优势,保证班级各项工作顺利推进。他改革

综合测评条例中"分分测算"的方式,试点等级评价制度,以启发学生的自我认识为导向,教育学生"自我成长的路上不应该与功利伴行"。古宏晨要求大家"认识自我,主动设计",他向同学们赠送书籍《第五项修炼》,以提升自身领导力;鼓励学生积极参与社团和实践活动;指导学生根据特长和兴趣到实验室参与科创活动。

古宏晨说,"学生是在交大这片土地上健康成长的嫩绿幼苗,班主任老师不是为他们遮风挡雨的大树,而是土壤深处的养分,也是雨露,是阳光。"

指导年轻学者如何当好 PI

古宏晨领衔的纳米中心有多位年轻的 PI,他总是利用一切可以利用的机会向年轻教师传授带团队的心得。青年学者刚签订入职交大的协议,人在国外,他就立即动员纳米中心的力量为他们装修实验室,回国后立即腾出自己的实验室为他们提供实验室空间,挤出自己的节余经费为他们提供研究的启动条件,这样的例子在古宏晨领导的纳米中心已是常态。正是这样的帮扶,生医工的分子纳米医学工程吸引和培育了叶坚、丁显廷、沈峰、钱昆等青年才俊。在日常的学术交流以及中心的各种活动中,古宏晨的言行为年轻 PI 们做出了表率,引导着青年老师们正自身、育学生、当导师。他带领整个纳米中心的 PI 们,将纳米中心发展为育人和科研水乳交融的朝气蓬勃的团队和为砥砺学子们积极向上的团结紧张而又不失温暖的大家庭,以及一个始终将造福人类健康作为自身追求并以此熏染学生的集体。该团队荣获 2014 年上海交大"凯原"十佳科研团队称号。

桃李不言,下自成蹊

春风化雨,水到渠成,二十多年默默耕耘,古宏晨培养的毕业生遍布祖国各地。其中包括中科院苏州纳米所教授、杰青王强斌,桂林电子科技大学校长、教授徐华蕊,上海交通大学研究员、市优秀青年学者徐宏,重庆大学副教授、校"百人计划"学者张吉喜,同济大学副教授、课题负责人王祎龙,贺利氏光伏前亚太区总监、贝斯特新材料 CEO、镇江市创新创业领军人才郭明波,宸光(常州)新材料科技有限公司创始人王晓亮,华夏京都医疗投资管理有限公司首席技术官程昌明,百康芯生物技术有限公司创始人、总经理吴国君,全国挑战杯"创青春"大奖赛金奖获得者、上海百羿分子纳米医学创新中心运行总监胡凤麟等。

古宏晨培养的研究生多人次获得上海交通大学学术之星、超级博士后、国家奖学金、国家优秀奖学金、上海交通大学三好学生以及各类企业奖学金。研究生先后在国际著名杂志发表学术论文,这些杂志包括: *Adv. Mater.*(IF = 25.809)、*JACS*(IF = 14.695)、*Small*(IF = 10.856)、*Biomaterials*(IF = 10.273)、*Nanoscale*(IF = 6.970)等。

"癌症博士"马勇杰是古宏晨的一位特殊学生,他患癌后不仅在古宏晨资助与支持下考取博士并顺利取得博士学位,还先后出版了多本抗癌自传及科普书籍,带领几千病友们共同抗癌。他由于自强不息的精神而荣获 2015 年上海交通大学校长奖。马勇杰的成长凝聚着古宏晨的心血,在马勇杰患癌以及六次复发的过程中,古宏晨始终对这位特殊学生"不抛弃、不放弃",鼓励、帮助他实现博士梦、战胜疾病。

古宏晨不仅培养了一大批优秀的人才,还动员这些成功的师兄和师姐们经常返回到校园的大家庭中,为在学的师弟师妹们现身说法,传授成长的秘笈,让优秀的文化基因在一批又一批的学生中传承。

以问题为导向,用纳米技术造福人类健康

纳米团队始终坚持"用纳米技术造福人类健康"的科研理念,从选题到实施始终叩问自身所做的课题是否真正有助于解决人类健康的问题,是否对得起纳税人给予的资金。在科研作风上,所有的老师包括资深的教授都能亲临第一线,和学生一起观察现象、一起演算、一起分析、一起读文献、一起讨论争论、不分大小、不放过异常和偶然。这样的坚持,潜移默化中形成了一种"睿智、勤奋、创新"的氛围。正是这样的坚持,课题组产生了实实在在的成果。

疾病早期诊断走向国际。通过十多年的基础与应用研究积累,团队率先开发成功具有自主知识产权的粒径均一、高磁场响应性的纳米超顺磁性微球,所研制的微球磁性物质含量高达 70 wt%以上,为国际上所报道的最高结果。该项技术已获得授权中国发明专利 5 项,国际 PCT 专利 1 项,美国、德国、法国与英国专利各 1 项,在国际高水平杂志上发表相关论文十余篇。技术已成功实现转让,进入稳定、批量生产阶段,产品已在中国、德国、美国以及俄罗斯等国家的生物诊断技术企业得到较好的应用。

血液筛查惠及大众健康。基于纳米磁性微球技术的突破,团队又将该技术与核酸诊断技术相结合,发展了基于纳米磁性微球的全自动分子诊断系统与检测方法。针对乙肝病毒(HBV)、丙肝病毒(HCV)、免疫缺陷病毒(HIV)等引致输血传播性疾病中的主要病毒,经过 60 余万份临床样本的试验研究证明,该技术可以有效地将极低浓度的病毒核酸迅速提取出来并进行极高灵敏度的核酸检测,在病毒感染后数天即能检出,大大缩短血液筛查的"窗口期",显著提高了临床输血及血制品安全性,并已获得中国食品药品监督管理局(CFDA)的新药证书。在此基础上发展的全自动感染性病毒诊断系统与检测方法,为我国应对 H1N1 与 H7N9 等疫情做出了重要贡献。该诊断系统与检测方法获得 2013 年上海市技术发明二等奖、2016 年教育部自然科学二等奖。

分子影像示踪肿瘤蛛丝马迹。在分子显像肿瘤早期诊断研究领域,团队在国际上较早开展了靶向肿瘤新生血管的多模态分子显像肿瘤早期诊断研究。所设计的磁性纳米探针不仅能够靶向肿瘤新生血管,而且也能够区分不同肿瘤模型新生血管受体的表达水平,该研究为靶向肿瘤新生血管进行磁共振分子显像肿瘤早期诊断奠定了基础,研究成果发表在 *Cancer Research*(2007,67,1555. IF 9.28)。单篇论文已被包括 *Nature Review Cancer*,*Chemical Review*,*Advanced Drug Delivery* 等重要期刊引用 188 次(Scopus 索引)。所构建的磁性纳米簇探针不但能够实现肿瘤早期诊断(肿瘤大小约 4.5 mm),而且也为磁共振分子显像肿瘤分级提供了可能,该研究成果发表于 *Nanomedicine-Nanotechnology Biology and Medicine*(2012,18,996)(IF 6.0),杂志主编认为该研究"提供了肿瘤早期诊断的新模式,并具有潜在的临床应用价值"。

古宏晨入职交大二十春秋，始终踏实勤勉、严于律己，他的追求与梦想寄托在教书育人上，他将自己的青春年华、智慧与汗水都贡献给了教育科研事业。他最大的快乐在于"得天下英才而育之"，他最大的梦想是"纳米技术造福全人类"。古宏晨一直为此而努力着。

郑杭：恪尽职守，孜孜不倦

【名师名片】

郑杭，上海交通大学2020年"教书育人奖"一等奖获得者。上海交通大学特聘教授，曾任上海交通大学物理学系主任。长期从事凝聚态物理学和量子物理学的研究。1991年获国务院学位委员会授予的"做出突出贡献的中国博士学位获得者"称号；1995年获得国家杰出青年科学基金的资助；1996年被批准进入国家人事部等七部委"百千万人才工程"；1997年被国家人事部批准为"中青年有突出贡献专家"；1999年获国家自然科学奖三等奖。自1985年留校从教以来，一直坚持为本科生讲授大学基础课程。于2013年获上海市教学成果一等奖；2014年获国家级教学成果一等奖；2017年获上海交通大学首届"教书育人奖"集体二等奖；2020年获教育部"基础学科拔尖学生培养计划"优秀导师奖。

【名师名言】

- 思想可以海阔天空，学习必须脚踏实地。
- 学习从模仿开始，创新从借鉴开始。
- 从第一学期新生专业讨论课到第八学期的毕设每周汇报会，与同学们一起成长是我最幸福的事情。
- 做人，真诚为本；做事，踏实为道。

　　他是教书匠,扎根交大三十五年,三尺讲台上传道授业解惑,坚守初心,一百英才,三千桃李,培育了一批又一批优秀学子;他是设计师,担任致远学院物理学方向项目主任八年来,精心设计拔尖学生的课程体系,绘就人才培养新蓝图;他是养心者,成学、广才必先静心、明志,他的儒雅随和、踏实勤恳、宁静致远,潜移默化地激励着无数徘徊中的学生坚持追梦。

言传身教　精设系列课程

　　郑杭始终坚守在教学一线,一守就是三十五年,年过花甲的他还依然活跃在三尺讲台。他讲授的"物理学引论""物理研究导论""超导引论"等专业课程,成为同学们打开物理学世界的钥匙。他精心设计并亲自教授循序渐进的系列课程,面向大一新生的"专业讨论课"通过介绍21世纪的19项诺贝尔物理学奖,带领同学们重走物理学发现之旅,激发学生对科学研究的热情与好奇心。"物理研究导论"则旨在引导学生通过检索和阅读前沿论文了解物理学具体研究工作的途径,从科学问题出发的研究背景和动机、研究方法、研究目的和意义,以及如何展示研究成果。面向高年级的"物理研究实践"系列课程,则鼓励学生进入物理与天文学院研究组进行科研实践,培养创新精神和科研能力。

　　郑杭注重对学生自学能力、合作交流能力、科学语言表达能力的培养,在严谨求实的课堂教学基础上,他还常引导学生通过深入自学和课堂讨论,学习解决科学问题的方法和途径。他亲自主持毕业班毕设阶段的每周汇报讨论会,鼓励学生表达自己的科学观点、聆听他人的不同见解,在展示与交流中培养了学生的综合能力,也提升了毕业论文的整体质量,致远物理学方向每届学生都有论文被评为上海交大优异毕业论文(全校仅1%)。

甘当人梯　倾情育才树人

　　郑杭自2012年4月担任致远学院物理学方向项目主任至今,躬行拔尖创新人才培养的各项工作,从制定培养方案、完善课程设置、选拔聘请教师、建设科研训练机制、推动海内外交流合作,到科学鉴才选才、鼓励学生兴趣发展、培养学生综合能力、及时跟踪人才培养成效等,对建立完善适合物理学科拔尖学生的人才培养模式做出了深刻探索。

每年在与新生的见面会上,郑杭都会将自己项目主任的身份比作"桥梁":一是学生与知识间的"桥梁",乐意随时为同学们答疑解惑,成为他们的"忘年交",海阔天空畅谈理想;二是学生和教师间的"桥梁",鼓励并帮助学生按各自的科研兴趣与物理与天文学院相关老师建立联系,进行科研探索,追求学术真谛。他多次亲自担任海外教授的助教,全程默默地坐在教室最后的角落,与同学们一起听课、一起讨论,获得第一手的师生反馈。

2016届致远物理学方向毕业生袁家兴同学说:"郑老师将每位学生当作自己的孩子一样关心,全过程参与专业研讨课、毕业论文等环节,每一项工作都细致入微。他对于人才培养的执着和奉献深深地烙印在物理班每位同学的心里。"

汇聚资源　搭建挑战舞台

郑杭为物理学方向的人才培养引入了大量优质资源,打造名师精品课堂。他邀请国家特聘专家,"长江学者"和"杰青"等高水平教师组成致远物理学方向"物理学引论"和"四大力学"等本科基础课程的教学团队,培养学生扎实的数理基础,注重教授学科交叉知识,继而推动"致远荣誉计划"课程建设。

此外,他还邀请国际著名物理学教授开设一系列专业课程:诺贝尔物理学奖得主 Tony Leggett 的"超导物理",加州理工学院叶乃裳的"纳米科技导论",牛津大学 Vlatko Vedral 的"量子物理学"和巴黎高师 Jerome Tignon 的"非线性光学"。一批批国内外著名教授走上致远讲台授课并与学生面对面讨论,营造了转身遇见大师的学术氛围,在系统传授物理学知识的同时极大地激发了学生的研究兴趣。这些符合培养计划又在局部"超越"培养计划的课程,涉猎了最新的科学进展和突破,旨在让学生不满足于按部就班地接受知识灌输,而是通过教授的引导带动,主动学习,挑战自身的极限并迅速走到科学前沿,给"天才"学生以进一步发挥的空间。

登高望远　鼓励学科交叉

物理学作为一门基础学科,内涵丰富,与化学、生命、材料和信息科学等方面的交叉非常广泛。郑杭主张在学生学术生涯的起步阶段就埋下学科交叉的种子,这既是培养物理学创新型拔尖人才的需要,也适应当代科学发展对交叉融合人才的需求。在他的大力倡导下,2016年以来,物理学方向的学生积极参加致远创新研究中心的交叉科研活动,并有49名同学(占37%)申请并获批加入"致远学者项目"。作为其中的佼佼者,2014级的孙轲同学带领团队参与了多项光量子计算集成芯片方面的研究工作,研究成果分别发表于 *Sciences Advances*、*Optica* 等期刊,该项目同时荣获2018年致远学者项目杰出成果奖。除了参与校内的研究组,40%左右的同学在读研期间赴世界一流大学进行科研实践,参加包括加州理工学院 SURF(暑期本科生科研奖学金)和 VURP(访问本科生科研)等项目。已有十五位同学毕业前就在 *Physical Review A*、*Scientific Reports*、*Applied Physics Letters* 等一流期刊以第一作者身份发表研究成果。

郑杭认为,拔尖学生的后续培养及成才过程与构建具有中国特色、世界水平的物理学人才培养体系紧密相连。致远物理学方向毕业生深造率高达96%,其中约50%赴海外名校攻读硕博,43%选择继续留在交大深造。首届致远物理学方向毕业生许志钦在交大取得数学博士学位后,先后赴纽约大学阿布扎比分校和柯朗研究所深造,从事深度学习和计算神经科学领域的研究,现已加入自然科学研究院担任副教授。

探索物理学方向拔尖人才培养的新模式是一个漫长而复杂的发展过程,而郑杭一直在这条路上默默耕耘、砥砺前行。

崔勇：扎根教学的引路人，潜心科研的孺子牛

【名师名片】

崔勇，上海交通大学 2020 年"教书育人奖"一等奖获得者。上海交通大学讲席教授、博士生导师，国家杰出青年基金获得者。博士毕业于中科院福建物质结构研究所（1999 年），随后在中国科学技术大学、美国北卡罗来纳大学教堂山分校和芝加哥大学从事博士后研究，2005 年 5 月起任上海交通大学化学化工学院教授、博士生导师，2011 年被聘为特聘教授，2019 年 7 月起任讲席教授。

【名师名言】

■ 教育承载着青年人的梦想和未来，与民族的命运息息相关，为国家培养栋梁之才是我的职责，也是我一生的追求。

■ 做科研不能急于求成，只要坚持不懈，就一定会成功。

如何平衡科研与教学之间的关系,一直以来都是高校教师所面临的难题,崔勇经过十数载的奋斗,已然为平衡科研与教学这对命题做出了完美的诠释。他自归国从教以来,长期扎根在教学与科研一线,上下求索、朝夕不倦,默默耕耘十数载。如今的他已然成为一位育得满园桃李的优秀教师,亦是一名引领学科发展的优秀科研人。

潜心教书育人,坚守初心擦亮教育底色

2005年归国后,崔勇随即进入上海交通大学化学化工学院工作,他渴望在高校的象牙塔里,为国家培育栋梁之材,为社会奉献毕生精力。教学和科研是互相促进、不可偏废的一体两翼,他深谙其道,入校起他便孜孜不倦地扎根教学与科研一线,精心育人、潜心治学。

多年来,崔勇坚持为本科生、研究生授课,践行着"师者,传道授业解惑"的职责与使命。他承担了学院本科生专业基础课"物理化学"及研究生专业基础课"结晶化学"等教学任务,并作为责任教师负责博士生专业基础课"近代化学研究方法"的教学工作。他始终坚持亲自完成课程教学的全部过程,答疑、指导助教、课程命题、批阅考卷……无一疏漏。在教学过程中,他注重与学生沟通,积极开发学生的潜力,培养学生的探索力和创造力。如何有效提升教学效果、提高学生学习积极性?这个思考始终贯穿于他的教学生涯。他不断革新教学方式、注重提升教学质量,针对"物理化学"课程相对其他基础课难度大且抽象的特点,他结合现代化教学手段,将教学中抽象的内容具体化、形象化,从而激发了学生的学习兴趣,有效提升了教学效果。他还积极将自己的研究成果与课程结合起来,将教学方法从单向知识传授的"教学型"模式转变为关注创新性教育的"研究型"模式,充分调动学生的主观能动性,引导学生通过查阅相关图书或科研文献获取物理化学及相关领域的最新科研成果,教学效果获得了同行和学生们的广泛好评。

除了致力于提升个人教学能力外,崔勇还助力团队整体教学能力的提升。作为"物理化学"课程教研室主任,崔勇带领团队积极参与教学研究、领衔课程

建设,开展教学领域的各项改革创新,矢志不渝地在教学一线奋力拼搏。天道酬勤,他领衔的"理论与量子化学"课程入选 2018 年度上海交通大学致远荣誉课程;"物理化学"课程荣获了 2019 年度上海市教委本科生重点课程立项。此外,他作为第二完成人参与的"认知风格对'理论与量子化学'课程在线学习效果的影响及对策探讨",获得 2020 年上海交通大学教学研究项目一项。路漫漫其修远兮,他还将在教学一线继续奋斗着,日复一日地培育代代新人。

辛勤耕耘十五载,因材施教育得满园桃李

"国势之强由于人,人材之成出于学。"崔勇始终把立德树人、教书育人作为自己职业生涯的根本任务。他因材施教,努力培养学生的学术志向,鼓励那些有研究潜力的学生扎根科研一线,带领着一批又一批学生坚定地走在科学报国的征途上。他育得满园桃李,在人才培养方面交出了一份亮眼的答卷。

从事科研工作需要投入大量的时间和精力,并且时常会遭遇挫折,会焦虑和迷茫。每当此时,崔勇便会以充足的耐心鼓励学生,鼓励他们要相信自己,正确面对科研中的失败,切不可急于求成,只要坚持不懈,就一定会成功。他扎实勤勉和孜孜不倦的工作态度也深深地感染并激励着每一名学生。他发挥着自己引路人的作用,为学生点亮理想的灯、照亮前行的路。

崔勇非常重视本科生的培养,擅长挖掘学生的科研潜力,鼓励本科生积极参与科研项目。他指导的本科生中,2 人获上海交通大学优异学士学位论文奖,多人被评为上海市优秀毕业生。学生毕业后在英国剑桥大学、美国加州大学伯克利分校、美国西北大学等名校深造,在 Science 等国际顶级学术期刊上发表高水平研究论文,1 人已拿到海外终身教职。

崔勇课题组成立至今,已培养博士 18 名、硕士 9 名,其中 5 人获上海市优秀博士学位论文奖,1 人获上海交通大学优秀博士论文提名奖。课题组毕业研究生在英国剑桥大学、美国加州大学伯克利分校、北卡罗来纳大学、得克萨斯 A&M 大学、日本东京大学等名校继续深造或从事博士后研究,目前已有多人归国,在上海交通大学、中科院大连化学物理研究所、湖南大学、东华大学等高校和研究所任教。

矢志科研报国，一腔热忱勇立创新潮头

崔勇从国外留学归来，立志要将所学运用在实践中，为国内化学相关领域的发展贡献力量。他在百舸争流的科研征途中，多年来不畏艰难、激流勇进，无怨无悔地奉献着自己的精力与热忱，努力攀登科研高峰。

崔勇长期致力于功能多孔结构材料的设计合成方面的研究，发展了制备手性多孔固体材料的新方法和新策略，提出了 MCOF 和多孔结构中球内外协同催化的概念，创制了系列具有高效、高选择性的多相不对称催化和手性分离新体系。这些研究成果已转化为本科生实验和研究生的教学资源，在支持教学改革的同时也极大地促进了科研创新思考。此外，他还不定期地为大赛璐等与化学相关的企业和公司提供技术服务和咨询，团队开发的部分手性中间体和配体已由大赛璐签约销售，有望为精细化工与医药等重要行业创造良好的经济和社会效益。

崔勇取得的丰硕研究成果，带动了上海交大无机化学学科的快速、全面发展，并通过与有机化学和材料化学等学科的交叉渗透与融合，推动了这些学科的进步与发展，提高了上海交大化学学科的整体科研水平，提升了上海交大化学学科在国内外的影响力。崔勇迄今共发表高水平论文 120 多篇，其中化学顶级期刊 *J. Am. Chem. Soc*、*Angew. Chem. Int. Ed.* 和 *Nat. Commun.* 30 多篇，论文他引 10 000 多次；申请国内发明专利 10 余项；应邀参与了多本专著章节的编写工作。同时，他还获得了多项学术奖励和荣誉：国家杰出青年基金（2010 年）、上海市优秀学科带头人（2012 年）和国家"万人计划"科技创新领军人才（2016 年）、2017 年获上海市自然科学奖一等奖（排名第一）。有多努力就有多幸运，这累累硕果的背后，凝结的是他日复一日锲而不舍的拼搏，这是使命使然，亦是志趣所在。

作为一名科研工作者和高校教师，崔勇始终不忘教书育人的初心，勇担科研报国的使命。在未来的征途中，他依然会执着地驾驶着教学与科研两辆马车，修己惠人、笃行致远。

王先林：以科研创新，促人才培养

【名师名片】

王先林，上海交通大学 2020 年"教书育人奖"一等奖获得者，上海交通大学特聘教授、二级教授、博士生导师、凯原法学院经济法学科带头人，兼任国务院反垄断委员会专家咨询组成员、中国经济法学研究会副会长、上海市法学会竞争法研究会会长、国际竞争网络（ICN）非政府顾问（NGA）。获得包括司法部全国法学教材与科研成果一等奖在内的省部级奖励十余项，获全国"杰出中青年法学家提名奖"和"上海市优秀中青年法学家""全国模范教师"称号，享受国务院特殊津贴，入选教育部"新世纪优秀人才支持计划"，"新世纪百千万人才工程"国家级人选，获上海市育才奖和宝钢优秀教师奖等。

【名师名言】

■ 先做人，再做学问。

■ 作为教师，不仅仅要关注自己的学术成果，更要关心如何培养学生，让他们在学术道路上少走弯路。

■ 无论是专业课还是通识课，我都希望同学们能主动开口，不要怕自己讲错，开口表达是最重要的，正是知道了错误的地方，老师才好有针对性地给予学生点拨，这样就能举一反三，避免错误。

　　他对教学和科研工作兢兢业业、数十年如一日地勤勉认真、严谨负责。他将"因材施教,热情又严格"的教学风格始终如一地贯彻到课堂教案、授课环节、师生互动与科研指导中。他对每一个学生都极其负责,在学术研究中倾心指点、循循善诱,课堂之外更是爱生如子、关怀备至。他践行了"学为人师,行为世范"的理念,春风化雨般影响着每一届学生。

　　他就是全国模范教师,我国著名经济法、竞争法学者,上海交通大学凯原法学院王先林教授。

潜心教学工作,取得突出成绩

　　王先林长期坚持在教学第一线,主讲的课程既有本科生专业课"经济法",也有研究生专业课"竞争法",还有全校通识核心课"经济与法律"。他在交大工作15年,每年都承担教学任务(包括2007—2008年在美国访学一年和2018—2019年在德国访学半年期间)。在每年大约100课时的教学任务中,本科生课程的课时占三分之二左右,教学效果均达到优良。

　　除担任硕士生和博士生指导教师,王先林还积极担任本科生导师,并指导本科生的毕业论文、PRP、国家大学生创新实践项目和暑政项目,且成绩显著。他指导的本科生朱光耀、郑冰亚和王子皓的毕业论文分别获得2014年、2015年和2018年上海交通大学"优异学士学位论文奖"(Top1%)(全院共有7位同学获奖);指导的法律硕士生施国强获得首次全国法律专业学位研究生优秀学位论文一等奖;指导的博士生张占江获得2015年度上海市研究生优秀成果(博士学位论文)奖(均为学院唯一)。

　　王先林重视课程建设,主讲的"竞争法"课程获2010年上海交通大学精品课程,获2011年上海市教委重点课程;主讲的"经济法"课程获2013年上海市教委重点课程,获2014年上海市精品课程,并在2017年获批教育部首批国家精品在线开放课程;主持的通识核心课程"经济与法律"在2014年顺利通过了学校的验收。

　　王先林教材建设成效显著。独著的本科生教材《竞争法学》(中国人民大学出版社,2018年第三版)于2011年获上海交通大学优秀教材二等奖,并获上海市普通高校优秀教材二等奖;主编的《经济法教程》(上海交通大学出版社,2016年)在2015年获上海交通大学本科生优秀教材特等奖,并获上海普通高校优秀教材奖;作为第一作者编著的研究生教材《经济法学专题研究》获2015年上海交通大学研究生优秀教材特等奖;受高等教育出版社邀请主编出版了"马工程教材"《经济法学》的配套案例教材《经济法案例百选》(高等教育出版社,2020年);正在撰写的个人独著的通识核心课程教材《经济与法律》已经纳入凯原法学院与高等教育出版社联合出版的"前沿法学教材"系列。此外,他还曾主编出版安徽省高等学校通用教材《大学法律教程》,作为主编出版安徽省"十一五"省级规划教材《消费者权益保护法》(第二版),作为副主编出版普通高等教育"十一五"国家级规划教材《经济法学》等省部级和国家级教材。

王先林重视教学研究。他曾在《中国改革》发表了《上海交大试办法科特班的基本思路和举措》,在《安徽大学法律评论》发表《高层次法律职业教育的改革尝试——上海交大试办三三制法科特班的基本思路和举措》,在《解放日报》发表《建设法治中国该如何培养法律人才》等教研论文。

由于在教学和人才培养方面的成绩突出,王先林在2012年获"上海市育才奖",2015年获"宝钢优秀教师奖"。

秉承科研创新,引领教书育人理念

作为校特聘教授、二级教授、经济法学科带头人、竞争法律与政策研究中心主任,王先林还兼任国务院反垄断委员会专家咨询组成员、国家工商总局市场监管专家委员会委员、中国经济法学研究会副会长、上海市法学会竞争法研究会会长以及地方政府兼职政府法律顾问等学术和社会职务。他还曾被聘为商务部WTO贸易与竞争政策专家咨询组成员,国务院法制办公室反垄断法审查修改专家顾问委员会成员,国家知识产权战略专家库专家和专题核心研究人员。他主持国家和省部级项目二十余项,获省部级奖励十余项,出版独著、合著十多部,发表论文和文章二百余篇。曾获全国"杰出中青年法学家提名奖",被授予"上海市优秀中青年法学家"和"全国模范教师"称号,享受国务院特殊津贴,入选"新世纪优秀人才支持计划",并成为"新世纪百千万人才工程"国家级人选。有十多项成果在省部级和全国性评奖中获奖,包括司法部全国法学优秀研究成果一等奖、上海市哲学社会科学优秀成果二等奖、上海市政府决策咨询优秀成果二等奖、安子介国际贸易研究成果三等奖、上海市普通高等学校优秀教材二等奖以及安徽省社会科学优秀成果一等奖(2项)、二等奖等。其中,独著的《WTO竞争政策与中国反垄断立法》入选"改革开放40年40本世界经济学优秀中文图书榜单"。

王先林始终将科学研究、基地建设和智库建设与人才培养工作紧密结合,避免了科研与教学的两张皮现象,实现了以高水平科研带动和促进高层次人才培养的目标。他近年来先后承担了国家社科重点项目、教育部哲学重大课题攻关项目以及国家工商总局和国家发改委等委托的重大专项,先后组织三十多位学生直接参与,并结合课题研究指导学生撰写研究报告和学术论文,并参与重要的立法活动,学生们在这个过程中的成长是非常明显的。同时,注意在培养人才的过程中实现从本科生到研究生、从学术学位学生到专业学位学生、从全日制学生到在职学生以及从国内学生到国外留学生的全覆盖,同时做好因材施教,引导学生各自成长成才。有的学生在他的指导下,从本科到硕士、从硕士到博士贯通培养,无缝衔接,在学术上成长迅速。不同类型的学生之间也相互合作,相互学习,形成了一种良好的学习氛围。在人才培养的过程中做到学术理论和实务技能并重,并实现两者的有机结合。

法学领域的创新拔尖人才首先需要在学术上有深厚的理论功底,有自己的创新观点,同时也需要有针对立法、行政执法、司法和企业合规等实际问题的动手能力。为此,王先林一方面加强对学生的学术训练,每月至少一次的学科读书报告会和更多的小组学术沙龙,另一方面又加强学生的实际能力培养,如案例研讨和反垄断模拟法庭等,成效明显。例如,博士生张占江、潘志成、仲春、袁波在《法学研究》《中外法学》《法律科学》《法学》等权威期刊上发表的高水平论文受到学界关注,张占江在博士毕业时就被上海财经大学聘为副教授,并很快入选

"教育部新世纪优秀人才计划"。此外，还有多位学生在亚太地区企业并购比赛和理律杯模拟法庭辩论赛等重要赛事中获奖，多位同学在学或者毕业后被国外名校录取，多位同学应邀到最高人民法院、国家发改委、国家工商总局和国家市场监管总局等单位实习。

坚持教书与育人并重，创新教育教学模式

王先林始终认为，传道授业解惑是一名教师的天职，特别是对于法学教师来说，自己的一言一行、一举一动都会对学生的学术思维和职业理念产生影响。"作为教师，不仅仅要关注到自己的学术成果，更多地要关心如何培养学生，让他们在学术道路上少走弯路"，这是王先林对教书育人的一贯态度。他常常告诫学生，先做人，再做学问。为此，他积极参与学院创新人才培养机制的改革，坚持知识、能力、素质、品德四位一体人才培养模式，引领学生坚守学术规范和伦理底线。

王先林重视教学教育模式的改革创新。在他看来，传统的单向传授知识的教育模式不利于学生与老师之间的交流，应当鼓励学生积极表达自己的观点。"无论是专业课还是通识课，我都希望同学们能主动开口，不要怕自己讲错，开口表达是最重要的，正是知道了错误的地方，老师才好有针对性地给予学生点拨，这样下次就能举一反三，避免错误"，这是王先林的教学之道。通过这样相互交流的学习模式，学生往往能收获更多。在他的课堂上，发现错误远远比隐藏错误更重要。

法律人才的培养，更要注重人生价值和人文情怀的培育。王先林常常引导学生说，学习法学专业不仅仅是谋生的手段，还应该树立远大目标，将个人追求与国家利益结合起来，用所学的法律知识报效国家和社会，而不光是考虑自己赚钱多少。在法学专业毕业生很少愿意报考公务员的情况下，王先林教授积极鼓励并引导自己指导的学生报考公务员，在他的"怂恿"下，2019年毕业的两位法学硕士研究生都报考了法官、检察官并被录取，在专业更对口的平台上为大众服务，追求公平正义。

积极探索教育教学改革，重视教学团队建设

　　王先林在担任学院教学副院长和常务副院长期间积极探索法学教育改革，特别是推动了法律实践教学改革和建设。2010 年，法学专业获批全国高等学校特色专业建设点，法律硕士被批准为全国专业学位研究生教育综合改革试点，试办"三三制法科特班"；2011 年，获批法学一级学科博士学位授权点，法学实践教育基地被教育部批准为首批国家级校外实践教育基地；2012 年获批教育部和中央政法委首批两个卓越法律人才教育培养基地，1 个上海涉外卓越法律人才教育培养基地。作为第一完成人的成果"法律实践教学模式和方法创新"在 2013 年获上海交通大学优秀教学成果一等奖；作为第二完成人的成果"试办三三制法科特班探索高层次法律职业人才培养的新模式"在 2013 年获上海交通大学优秀教学成果一等奖，并在此基础上获上海市高等教育教学成果一等奖。

　　王先林重视学科教学团队建设，帮助青年教师成长进步。无论是教材编写、课程建设还是项目承担，他都引导和带领学科团队的 6 位教师一起参与，大家共同进步。特别是他与学科两位优秀青年教授在从事基地和智库建设以及在承担重大研究课题的过程中，精心指导学生参与科学研究，一起撰写和修改教材，一起建设课程网站，一起授课，一起组织学生的读书报告会，一起指导学生从事课题研究和撰写学术论文，取得了丰硕成果。他们三位教授共同申报的"依托基地与智库以拔尖创新人才培养为目标的竞争法教学团队建设"获上海交通大学 2016 年度优秀教学成果一等奖。他重视为青年教师搭建发展的平台。在他主持下获批校精品课程和上海市教委重点课程的"竞争法"，后来在申报上海市精品课程时主动让给优秀青年教授牵头申报，并协助他成功获批。

　　对于王先林在人才培养、科学研究和社会服务等方面的突出成绩，校内外的媒体曾经做了相关的报道。其中，2014 年 8 月 24 日《新民晚报》在 A9 版"一周新闻人物"栏目以《王先林：与反垄断法结缘二十载》为题进行了整版的专题报道；2020 年 1 月 21 日《劳动报》在 A01 版以《与法同行　达济天下》为题对他进行了整版报道。

胡伟国：热血铸初心，丹心育桃李

【名师名片】

胡伟国，上海交通大学 2020 年"教书育人奖"一等奖获得者。瑞金医院副院长，分管医院教学、住院医师规范化培训等工作。2020 年 2 月，他作为上海市第六批援鄂医疗队领队率 136 名医护人员出征武汉抗疫前线，接管武汉同济医院光谷院区危重症病区，荣获国家卫健委抗疫先进集体。同时，他还带领团队积极开展教学和科研攻关，在抗疫第一线，为学生送上云端"开学第一课"，还组织拍摄新冠肺炎及院感防护等两部专题视频课程，亲自讲授"无菌术""输血"等课程。在日常教学和教学管理工作中，胡伟国以本科教育为根本、以临床教学为主线、以学生发展为中心，追求卓越目标。在这个理念引领下，2019 年，瑞金临床医学院代表上海交大医学院接受世界医学教育认证机构和国家教育部临床医学本科专业认证机构联合认证获得极大成功。

【名师名言】

■ 作为一个医生，医者仁心，我的职责就是要去驰援武汉。但我还是个教师，平时我教学生如何做切开、引流、穿刺。而这次则是要教一下学生如何践行社会责任感。

■ 医学教育要以本科教育为根本、以临床教学为主线、以学生发展为中心，追求卓越目标。

■ 学生是激励我前进的动力，我和学生一起成长。

胡伟国，上海交通大学医学院附属瑞金医院副院长、外科主任医师、外科学博士、上海市政协委员。

怀揣理想、脚踏实地的教学管理者

胡伟国自 2003 年起从事医院管理工作，曾任瑞金医院临床医学院外科教研室副主任、瑞金医院院长办公室主任、上海交通大学医学院院长办公室主任，现任瑞金医院副院长，分管医院教育与培训、信息化建设、高端医疗服务等工作。从教研室到医学院，再到瑞金医院分管医院教学工作，胡伟国对医学教育有深刻的理解，又情有独钟。他强调，医学教育以本科教育为根本，通过本研协同、医教协同、科教协同，构筑人才培养全体系；牢牢把握临床教学主线，临床思维训练贯穿理论教学、实践教学、第二课堂、思政人文教学；以学生发展为中心，教学计划、教学评价、教学改革以学生为本，促进学生自主学习、终身学习；以国家临床医学本科教育标准为基准，实施发展标准，追求卓越目标，培养一流的医学人才。在这个教学理念引领下，瑞金医院临床医学院教学工作多措并举，取得突出成绩，2016 年获得上海市工人先锋号，同年成为教育部教学指导委员会临床实践教学副主委单位，2017 年成为中国医师协会医学模拟教育专委会主任委员单位，2018 年获批国家临床教学培训示范中心。

创新思维、前瞻视野的教学改革设计者和实践者

胡伟国是一位临床医生，国外学习、医学院的工作经历给了他开阔的视野和前瞻的思维，他认为，临床是医学教育的根本，师资、教学资源、教学评价源自临床、回归临床。瑞金临床医学院的教学要与交大医学院双一流建设、瑞金医院创建国家医学中心同步，必须创新临床医学教育新模式。他率先在外科学教学中开展教学改革，整合理论授课、见习、实习，把教学放到床边，把时间还给临床；开展 MDT 教学培养学生临床医疗的整体观。融合本科生教育、研究生教育、住院医师规范化培训、专科医师规范化培训，建立完整的大教育体系。

2019 年,瑞金临床医学院临床教学代表交大医学院接受世界医学教育认证机构和国家教育部临床医学本科专业认证机构联合认证,见证方对瑞金临床医学院的先进教学理念和临床医学教育改革予以高度评价,认为诸多教学经验和方法值得全国推广,并称赞瑞金临床医学院完全展示交大医学院全国排名第一的临床教学水平。

潜移默化、润物无声的思政教育创新示范者

胡伟国坚信学生思政工作要用心用情才能真正走进学生。他领导临床医学院辅导员根据医学教育的特点和医学生自身的特点,建立了一套较为完整的临床思政教育体系,创新开展"活动思政",思政教育系列化、系统化、一贯化。创新"活动思政",即将思政教育融入学生校园文化活动中,根据医学教育的特点和医学生成长规律,挖掘和提升学生活动的思政内涵,确立每项活动的思政教育的内容、素材、方法,分类设计指导,在各类具体活动中融入对大学生的思想理论教育和价值引领,创新思政教育的方法,建立一批高质量、寓意深刻、广受欢迎的学生校园文化活动,并向校外宣传推广。

胡伟国是思政教育创新示范者。他担任 2011 级临床医学五年制的班导师,陪伴学生从入学到毕业,带领学生们开展各种班级活动,同学们亲昵地称呼他"胡爸爸",他至今还记得 61 位孩子的名字。"胡爸午餐有约"是学生们最喜欢的活动。胡伟国无论多么繁忙都会抽时间陪他的孩子们吃午饭,倾听他们的心声、为他们解决问题、指引未来的方向。宿园导师也是胡伟国倡议和带头的活动,他走进学生园区,与学生同吃、同住、同学习,与学生分享他与父亲的故事、从医路上的酸甜苦辣,聊到意犹未尽还会请大家吃夜宵吃烤串儿。

在每年新一批同学进入临床实习之前,胡伟国都要给同学们上"实习第一课",还会将代表着"责任"的听诊器,授予即将进入临床的孩子们。

抗疫逆行率队出征的勇敢者

2020 年 2 月 9 日,胡伟国作为上海第六批援鄂医疗队领队率 136 名医护人

员出征。临行前,学生给他制作的海报"今天你们出征,明天我们接棒",一直珍藏在他的手机里。

在武汉同济光谷院区奋战的 52 个日日夜夜,胡伟国作为领队,是 136 名队员的灵魂,他带领医护团队发挥瑞金医院多学科诊疗优势,制定缜密的治疗流程,组织一次次危重症抢救,重症新冠肺炎的治愈率达 90%,死亡率仅 1.1%,荣获国家卫健委抗疫先进集体。同时还带领团队积极开展科研攻关,瑞金医院自主研发的"小白"机器人在疫区率先应用;开展 38 项新冠肺炎医工交叉科技创新,其中 6 项获得了发明专利。

这次抗疫工作也是对瑞金医院住院医师规培工作的一次检阅,136 名队员中很多是刚刚完成规培的年轻医师,气管插管、深静脉穿刺、心肺复苏,在最危急的时刻打下的"硬核"基本功让年轻医师从容、自信,通过了大考,交出瑞金规培出色的答卷。

同时,在抗疫第一线,胡伟国始终心系教学,为学生送上云端开学礼——"开学第一课",通过视频寄语医学生担起社会责任,掌握专业技能,服务国家人民。他还组织拍摄新冠肺炎及院感防护等两部专题视频课程,亲自讲授了外科学"无菌术""输血"等课程,来自疫情前线的教学让学生备感亲切,格外珍惜。老师的言传身教是最好的教学示范,同学们说,"老师,毕业后我想成为您的样子!"3 月 6 日,瑞金医院临床医学院 42 名同学撸起袖子参加无偿献血,用自己的行动参与到抗疫工作。

胡伟国常说,学生是激励他前进的动力,他和学生一起成长。是的,多年来在教学岗位上的耕耘,学生收获的是成长成才,胡伟国收获的是杏林春暖、桃李芬芳。

"教书育人奖"个人奖

二等奖

赵社戌：身体力行探索教学改革，言传身教践行立德树人

【名师名片】

赵社戌，上海交通大学 2020 年"教书育人奖"二等奖获得者。1982 年从事教育事业，1999 年来到上海交通大学任教。曾获国家级教学成果二等奖、上海市教学成果三等奖、上海交通大学教学成果特等奖、中国力学学会优秀教师奖、上海市教育发展基金会"申银万国奖教金"等多项荣誉。

【名师名言】

■ 力学是一门历史悠久的学科，如何传承学科的精髓，同时注入新的活力以适应时代发展要求，根本途径是不断进行改革，不断在课程体系、教学内容、教学方法与手段等方面进行革新。

■ 作为一名教师，能把自己所学传授给学生，是一件快乐的事。

■ 为自己热爱的教育事业矢志奉献。

从 1982 到 2021，船建学院工程力学系教授赵社戍从教三十余载，青丝变白发。他坚守教书育人初心，扎根教学、科研一线，为力学学科的建设与发展做出重要贡献。

矢志创新，他是教学改革的探索者

力学是一门历史悠久的学科，如何传承学科的精髓，同时注入新的活力以适应时代发展要求，根本途径是不断进行改革，不断在课程体系、教学内容、教学方法与手段等方面进行革新。

赵社戍所教授的"材料力学"课程是一门逻辑性非常强的课程，为了让学生们不仅知道"是什么"，更加明白"为什么"，赵社戍三十多年来坚持手写板书，对公式进行一步一步推导，将学生们引入一个求索的情境。力学又是一门应用性非常强的课程，是所有工程科学的基础，面向来自全校不同院系不同专业的学生，赵社戍不断加强不同领域知识的涉猎，预判不同专业日后可能遇到的不同问题，有针对性地完善教学方案，调整教学内容，为学生在日后本专业的探索上打好基础。为了丰富知识量和提高学生们的上课兴趣，他参考国内外最新案例精心研制教案，教学相长，引入最新的科学研究热点，为这门历史悠久的课程注入新的活力。例如通过利用"虎门大桥抖动"事例来讲解材料力学的原理，并辅以动画直观显示，激发学生们的上课兴趣。

从一般原理到特殊案例，从基础讲解到"量体裁衣"，从实体板书到电子教案，不同教学模式的结合，一方面大大增加了学生的知识量，相当于学生学习了两本教材；另一方面在激发学生学习兴趣、提高教学效果上取得了良好实效。

在担任"材料力学"上海市精品课程的负责人期间，赵社戍坚持材料力学课程的建设改革，不断将教学改革付诸实践。他积极参与校"985 工程：创新人才培养体系建设"项目、负责校"一类课程——'材料力学'""精品课程""本科优质课程——'材料力学'""本科优质教材——《材料力学》"建设；负责研究生优质课程"连续介质力学导论"建设；负责校教学发展中心教学基金项目（A 类）"探究型教学与创新型能力培养"的研究；参加新体系《材料力学》（普通高等教育"十五"国家级规划教材)编写等,获得国家级教学成果二等奖、上海市教学成果三等奖、上海交通大学教学成果特等奖、中国力学学会优秀教师奖、上海市教育发展基金会"申银万国奖教金"等多项荣誉。

潜心树人,他是传道授业的解惑者

"作为一名教师,能把自己所学传授给学生,是一件快乐的事。"赵社戌教授将教书育人工作视为一个幸福的职业,一项值得奉献终生的事业。在交大工作的二十多年中,赵社戌每年给本科生讲授"材料力学"课程,并讲授过"弹性力学""塑性力学""静态测试原理""工程应用软件(CAE-ANSYS)"以及"力学中的建模方法"课程,除此以外,坚持每年给研究生讲授"塑性力学"或"连续介质力学导论"课程,以及给博士生讲授"非线性连续介质力学"课程,教学课堂深受学生的好评。在课程课时数减少的情况下,赵社戌教授的任务反而加重,他不断调整授课安排,抓精华、抓基础,为学生讲述重要的概念和原理,即使课时数不够,也要为学生构建一套完整的知识体系,为他们的日后学习成长打下扎实的基础。他说:"教师宁愿在课堂外花足功夫,也不能耽误学生宝贵的课堂时间。"

赵社戌教授热心帮助学生,注重学生素质培养,愿做学生的人生导航人。每次授课的课间和课余,学生都会与他交谈,不论是课上没听懂需要进一步讲解,还是学生有其他的 PRP 项目需要咨询,他都耐心解答。除了解答课堂问题外,赵社戌教授还积极参与指导学生参加各类竞赛活动,2011 年、2019 年两次获得中国力学学会颁发的全国周培源大学生力学竞赛优秀指导教师奖。此外,赵社戌连续十五年参加河北省的招生工作,从学生的兴趣、特长和成长出发,为学生答疑、为家长解惑,他本人也两次被评为校招生先进个人。

乐于奉献,他是学科发展的思考者

已经花甲之年的赵社戌教授,一直在关心交大力学学科的建设,关注青年教师的发展,关爱学生的成长。在他身体力行的影响下,越来越多的青年教师将学科发展作为使命牢记于心。

从 2001 年到 2013 年,作为固体力学教研室主任,赵社戌认真组织、安排并参与力学基础课程(包括实验课程)的教学实施和建设,他为年轻教师上课把关,指导年轻教师授课,为力学学科获得"力学基础课程国家级教学团队"、"基础力学国家级特色专业"、工程力学"国家实验教学示范中心"以及"计算固体力学"获得上海市精品课程,发挥了重要的作用。

他参与编写出版《材料力学》(第二版)、《ANSYS10.0 基础及工程应用》等多本教材。《材料力学》是工程学科的基础教材,为把教材的错误率降到最低,他利用晚上在家的时间字斟句酌地推敲、校验每一句文字,每一张图表,每一个公式,花费大量的精力和时间,完成了教材的出版。他积极参加教学研讨会,发表教学论文多篇,其中《材料力学教学改革的探讨》获华东基础力学及工程应用协会教学改革研讨会一等奖,为提振交大力学学科影响力做出了重要的贡献。

"为自己热爱的教育事业矢志奉献"是赵社戌老师从教三十余年对为师为学的深切感悟。无论是教学改革,还是潜心育人,或是奉献学科,都是源于他对"如何做一个好老师"的上下求索,源于对"传道授业解惑"的默默坚守,源于"立德树人"的美好初心。

黄永华：不忘初心，言传身教，秉持教书育人第一要务

【名师名片】

黄永华，上海交通大学机械与动力工程学院研究员。创建两门本科全英文专业基础课"工程热力学（Ⅰ）、（Ⅱ）"并担任课程模块负责人；积极实践课程改革，联合改建本科课程"热力系统设计与实践"；建设的"低温技术及其应用"课程入选教育部首批国家级精品资源共享课。入选上海市晨光、浦江、启明星等人才计划，获国际低温工程 Klipping 杰出青年学者奖、上海交通大学烛光一等奖（2 次）、上海交通大学"优秀教师奖"二等奖、"教书育人奖"二等奖。作为主要完成人之一，获上海市教学成果一等奖和上海交通大学教学成果二等奖。其参与成果荣获国家技术发明二等奖、上海市科技进步一等奖。

【名师名言】

- ■ 以身作则，严以律己，时时处处传递正能量。
- ■ 瞄准国家重大需求，言传身教培养学生。

黄永华自 2007 年入职交大以来,严以律己,勤奋工作,秉持教书育人的第一要务,在人才培养和科学研究中身体力行,率先垂范,受到师生的广泛好评。

热衷本科教学,勇于实践课程改革

黄永华始终将本科生培养放在工作的首位,积极投身本科教学一线,于 2008 年起长期主讲能源与动力工程专业必修课、国家精品课程"工程热力学"。为了培养更具创新性和竞争力的机械大类工科人才,机械与动力工程学院在 2010 年前后启动了大范围的教学改革,黄永华勇挑重担,在深入调研美国普渡大学等多所国外著名高校工科热力学教学情况的基础上,结合本校学生自身特点,着手筹划和建设同时面向本国学生和外国留学生的全英文"Engineering Thermodynamics"(工程热力学)课程体系。课程目前已经形成规模和常态化,累计开设 41 个班覆盖 960 余人,其中来自美国普渡大学、宾州州立大学等的留学生 267 名。黄永华老师从课程成立至今一直担任主讲教师。2013 年学院启动本硕博贯通模块化课程体系建设,黄永华是动力类七大模块中工程热力学模块的起草人和负责人。2012—2014 年两个学年他主讲的专业课"低温技术及其应用",入选教育部首批"国家级精品资源共享课",上线"爱课程"平台。2016 年,为了进一步强化能源动力学科新工科人才的综合能力培养,黄永华作为主要发起人之一对原有课程进行大胆改革,开设了更加强调实践应用的"热力系统设计与实践"课程,并担任主讲教师至今,目前该课程已推广到 6 个平行班教学,正努力打造为本科一流课程。

此外,他还认真指导了十余项本科生 PRP 项目、大创项目、节能减排竞赛项目,大大激发了学生参与科研的兴趣。正是抱着对学生百分百的责任心,黄永华对本科教学始终兢兢业业。他每学期上课前,总要结合上学年教学中存在的问题和平时积累的教学新素材,进行认真备课和教学网站更新。上课时重视实践和物理现象演示,大力开展以小组为单位的项目式教学,鼓励学生讨论,培养学生的团队合作精神以及理论与实践相结合的综合能力。黄永华近五年累计授课543 学时,评教成绩名列前茅,近三年两次排名学院第二,多次获得"最受欢迎教师奖"荣誉称号。

瞄准国家重大需求，言传身教培养研究生

黄永华潜心学术研究，紧密结合航空航天低温工程领域的国家重大需求，在极端空间热环境地面模拟和低温推进剂在轨贮存两个方向，指导硕士和博士研究生努力探索，不断创新，取得丰硕研究成果。他连续主持 3 项国家自然科学基金、国家重点研发计划子课题和一批国防军工项目；获授权发明专利 38 项，发表学术论文 130 余篇，SCI 论文 40 篇，出版专著 2 本，参著教材 1 本。在科学研究过程中，黄永华十分注重研究生学术能力、科研作风和工程能力的综合培养。在课题组内一直倡导"诚信、拼搏、高效"的科研理念，强调科研不仅仅是做项目发论文，更重要的是德行修为和品格素养的养成。为此，黄永华总是以身作则，严以律己，时时处处传递正能量。他对学生科研上严格要求，常常到实验室与学生们一起搭实验台，做实验，每周和每位学生单独进行学术交流 2~3 次以上，及时把控研究方向和路线的正确性。对有想法、有干劲的学生，绝不让经费问题影响其创新研究。他鼓励和支持研究生参加本领域国内外学术会议，努力为学生创造国际交流条件。在生活上他细心关怀课题组的每一个学生，经常与他们沟通交流，排忧解难，与学生形成了亦师亦友的良好关系。在工程能力培养方面，黄永华通过与中国航天八院、中国航天一院、中国航天三院、中国空气空力学研究中心等国内知名航空航天机构、企业的合作，培养研究生与机构工程技术人员的合作能力以及解决航空航天低温工程技术实际问题的能力。他毫无保留地将自己在学术和工程项目中形成的感悟、经验和创新思维传授给学生。此外，他还通过主持的上海市低温技术与测试应用服务平台科技服务工作，为研究生提供与业内企业的交流平台，迄今，黄永华已指导硕士和博士研究生 33 人（包括来自日本和巴基斯坦的两名国际留学生），多名研究生获得国家奖学金、优秀毕业生等荣誉，毕业学生深受聘用单位好评，多人现就职于航空航天院所。

无论是本科教学还是研究生培养，黄永华入职交大的十三载，不忘初心，始终践行"立德树人、教书育人"的使命与担当，体现了新时代教师的高尚道德和职业风范。

陈卫东：春播桃李三千圃，丹心热血沃新花

【名师名片】

陈卫东，上海交通大学 2020 年"教书育人奖"二等奖获得者。上海交通大学电子信息与电气工程学院自动化系教授，医疗机器人研究院常务副院长。曾先后在瑞士苏黎世大学和日本电气通信大学任访问教授。曾获教育部新世纪优秀人才、上海市曙光学者等荣誉。主要研究领域包括机器人感知与控制、手术机器人、辅助机器人。曾获上海市教学成果奖、上海市科技进步奖、IEEE ICRA 大会服务机器人最佳论文等奖励。现任国际智能自主系统学会理事、上海市微型电脑应用学会理事长等学会职务。

【名师名言】

■ 正如自动控制的核心精髓——反馈控制，高校教学的课程体系设置与教学方法需要适应教学内容与教学对象，教学手段必须不断调整以适应学生和社会需求的不断变化。

■ 好奇心是最好的老师，我们教师的任务就是要打破思维定式，激发学生的好奇心。

■ 当今世界全球化的大趋势，对具有全球视野的工程人才的培养提出了新需求。

　　我国乃至全球制造业向智能化与信息化发展,对自动化领域人才的实践、创新以及国际化合作能力的培养提出了新的要求。针对上述需求,陈卫东教授在工程教育实践中坚持把培养学生具备解决"复杂工程问题"的能力作为人才培养的首要目标,将培养具有创新能力的学生作为重要责任。

以创新实践推动教学改革

　　陈卫东把教学中持续改进的思想用自动控制的核心精髓——反馈控制理论来描述:高校教学的课程体系设置与教学方法需要适应教学内容与教学对象,教学手段必须不断调整以适应学生和社会需求的不断变化。自动化学科本身具有鲜明的多学科交叉特点,它的基本理论提炼自不同领域的工程系统,再反过来指导这些系统的工程实践,这种提炼和指导的过程就是再创造的过程。因此需要我们敏锐把握学科发展需求和动向,不断改进课程体系与教学方法。

　　通过不断摸索积累,陈卫东和教研组同事们在运动控制课程群的教学改革中,建立了以实践为手段、以创新能力培养为目的的课程体系。该课程体系中有以上海市精品课程为代表的专业理论课程,也有以科技创新课程为代表的实践课程,探索出一套理论教学和创新实践相结合的教学方式,增强学生的学习兴趣和主动性,变"要我学"为"我要学",提高学生对于自动控制、人工智能、嵌入式系统、机器人学等多学科知识的综合运用能力,培养复合型人才。

　　在以创新实践为主体的课程体系建设过程中,结合自动化专业特点,将"反馈—权衡—优化"的思想应用于教学中,不断改进教学方式和方法,在理论性强的课程教学中,注重抽象概念和实际应用的物理意义的联系;而在实践性较强的课程中则结合理论的指导意义使之融会贯通。在长期的教学实践中,陈卫东逐渐摸索出以下规律:① 注重学生兴趣和动手能力的培养;② 注重理论与实践的结合。引导学生自觉地将习得的理论和实验结果相联系,从理论上分析实验现象和实验中出现的问题;③ 注重鼓励学生了解相关领域的最新发展动向;④ 注重学生团队协作能力的培养,让他们及早在项目团队中锻炼成长。

以动手实践培养开放思维

陈卫东说:"好奇心是最好的老师,但是如何激发学生的好奇心,并使之成为探索真理的基石却是个难题。长期的应试教育使学生形成了'任何问题都有标准答案'的思维定式,过度依赖老师和书本,而自己不愿也不敢去尝试不同的解决途径。因此,我们教师的任务就是要打破这种思维定式,激发学生的好奇心。"

那么,什么样的工程系统有助于完成这一使命呢? 当看到同学们对机器人具有巨大好奇与热情,答案就有了。智能机器人是自动控制、人工智能、机械、计算机和其他多门工程学科的交叉学科,蕴含着无限的探索空间,其正是开展创新型、复合型人才培养的绝佳平台。但在市场上却很难找到适合这一教学理念的机器人实验平台。

针对这一问题,陈卫东带领教研组持续开展教学手段和教学内容的改进,主要包括: ① 与日本三菱电机集团共建实验室。日本三菱电机捐赠了一批最新的机械臂实验平台,使得学生能够把最新的理论知识进行动手实验验证;② 主持开发机器人视觉抓取实验系统,包括与三菱机械臂集成的基于 MATLAB 的视觉处理、轨迹规划、末端执行期(手爪和吸盘)和网络通信单元,开展课程设计,提高了学生对于机器人关键技术的设计开发能力,以及系统集成和实践能力。

开放式的智能机器人实验平台就像一堆积木块,各系统组件间有标准化接口,通过这些标准的软、硬件接口,学生可以根据自己的设想,在硬件上搭建机器人系统、在软件上编制机器人控制算法。没有一成不变的固定模式,没有所谓的标准答案,有的只是无穷的组合空间,激发的是开发者无限的想象力。

该课程围绕机器人抓取作业的典型任务展开,通过授课、分组、讨论、设计、开发与编程、调试、竞赛、报告与答辩等一系列教学环节,分阶段循序渐进地培养和锻炼学生运用知识、实践动手、解决问题与团队合作等多重能力。陈卫东特别注意引导学生发现问题,并把大问题分解为一系列小问题,再找出其中的核心问题,进而按照优先顺序逐一解决。这种"分而治之"的做法,让同学们对待"问题"不再望而却步,而是把发现问题当成解决问题的一个重要部分。每次课后,许多同学会把机器人系统组件带回宿舍,挑灯夜战。讨论问题、参阅文献、提出方案、不断实验、不断改进,投入的时间和精力远远超出了课堂范围。

在考核环节上,将笔试与项目竞赛相结合,竞赛中采用"项目报告+答辩"的组合形式,模仿体操比赛,设规定动作和自选动作两类,即考核基本技能,又给每个小组充分的自由发挥空间。裁判员不仅包括教师还包括每一个小组代表,保证了公开公平,也通过评价别人的技术来重新认识自身技术的优缺点。答辩环节是考核的重要一环,锻炼的是总结、提炼和表达能力。许多小组的答辩作品图文并茂,并制作了精美的实验录像,同学间充分交流设计思想和开发经验。每届课程结束时,学生不仅能成功开发出课程规定的智能机器人作品,完成预定的实验内容,部分学生还创造性地开发了更高性能的机器人(如机器人鲁棒视觉系统、吸盘与手爪组合抓取等),由此可看出同学们踊跃的创造热情和巨大的创造潜能。

近三年来,该实验平台在研究生专业基础课"机器人学与控制"教学中获得了成功应用,将创新设计的理念植入教学实践中,深受学生喜爱,并已开始在本科生选修课程"智能机器人"中推广应用。

教学反馈表明,通过以机器人为实例的学习和实验,有助于同学们深入理解基础课所教授的抽象概念和理论,亲身体验理论与实践结合应用的完整过程,打破了技术神秘感和创新思维障碍,为他们从事科研工作打下坚实的基础,同时也培养了他们从事工程学科研和实践的兴趣,启发他们树立更明确的事业目标,使他们更加主动,更加自信,更加敢于创造,也更加善于创造。

以科技竞赛锻造科技尖兵

多年来,在课程建设的同时,陈卫东作为负责人指导学校"服务机器人竞赛创新工作室"的活动,针对国内外公认的机器人和人工智能竞赛平台——"RoboCup 机器人世界杯",组织自动化专业的本科生和研究生,系统化、有组织地开展科学研究、技术开发和科技竞赛活动。

在陈卫东和王景川老师带领下,"交龙"机器人竞赛团队在国内外各类科技竞赛中屡创佳绩。通过组织学生参加各类竞赛,训练他们的专业技能,提升分析问题、解决问题的能力和创新意识,同时也锻炼了他们顽强拼搏的精神,团结友爱、互相帮助、协同努力的团队精神。

对于人才培养来说,竞赛是手段,但绝不是目的。更重要的是引导同学们关注我们国家乃至全球的重大民生问题,共同探索解决方案。针对我国面临的人口老龄化和重大疾病诊疗问题,他们把医疗机器人项目选定为竞赛机器人的主攻方向,在竞赛成绩和科研成果两方面取得了双丰收,承担多项国家重点研发计划课题,研究成果在国际机器人旗舰会议 IEEE/RSJ IROS 等国际重要学术会议上获奖。2019 年,陈卫东作为主要策划人和组织者,主办第一届"全球医疗机器人创新设计大赛"。大赛吸引了来自中国、新加坡、美国、意大利等国家共 53 个队伍,260 多名选手参赛,有利推动了同学们对投身医疗机器人事业的积极性。

在竞赛机器人实验平台的研发中,陈卫东瞄准国际技术难题,将注意力集中在科学严谨的研发过程中,定期进行技术研讨会和实战训练等常规活动,不定期组织国内外的专家学者来讲学与指导,还鼓励学生们及时总结研究成果,撰写学术论文、申请专利,营造浓厚的学术氛围,帮助学生提高科研素养,使他们逐步成为重要的科研力量。

在人才培养体系上,逐步形成了课程培养—竞赛提高—科研创新三个环节的互动促进和递阶提升模式。

以全球课程拓展全球视野

当今世界全球化的大趋势,对具有全球视野的工程人才的培养提出了新需求。从 2009 年起,陈卫东与瑞士苏黎世大学的人工智能实验室合作,联合全球几十所大学,创办了一个全球性的教育课程"上海人工智能系列讲座"(The Shanghai Lectures),至今已经连续举办了十年。课程以世界级大师在线授课、全球师生在线互动交流的形式,讲授、研讨最先进的人工智能与机器人技术,具有鲜明的国际化特色和丰富新颖的教学内容,开创了国际化教育的新手段和新方法。

课程内容涉及自然和人工智能系统,涵盖其基本概念、方法、技术和主要学术问题,具有高度的交叉学科特色,适合来自工程学、机器人学、人工智能、计算机科学、生物学、神经科学、心理学等不同领域的学生。

在教育技术手段上,课程采用交互视频会议技术,并充分利用中国至欧洲的国际学术网络链路,进行网上同步全球直播,来自交大以及国内和海外的其他院校的学生能够同时参与全球课堂。

针对提高研究生论文写作质量的需求,从 2015 年至今,陈卫东连续 5 年主持两门夏季学期研究生课程,邀请国际名师讲授"科学思想的表达——以具身化智能研究为实例"(Rolf Pfeifer 主讲)和"高级研究写作"(Bruce Rogers 主讲),使研究生有机会与国际人工智能和机器人大师直接交流学习,接触国际前沿的科研成果,同时,从专业领域和英语表述两方面提高研究生学术论文的写作能力。

作为中方牵头人,陈卫东 2018 年联合国际机器人领域知名大学,包括欧洲的葡萄牙里斯本大学和德国卡尔斯鲁厄大学、中国的哈尔滨工业大学,联合申报并获批中欧教育联盟"中欧可持续工程博士生院项目"——(CREAAM: Collaborative Robots for Elderly Assistance and Advanced Manufacturing),促进中欧博士生机器人领域的高水平学术交流和科研合作。

上述国际化教学实践一方面为解决国际化教学中成本高、受益面小等问题提供了新途径;另一方面建立了一种国际化教育的新模式,有利于培养学生们的国际交流和合作能力,拓宽全球化视野。

作为一名高校教师,陈卫东深感人才培养的责任之重,不敢有一丝懈怠。他主动应对社会发展对人才培养提出的新要求,积极采用科技发展为人才培养提供的新手段,在探索培养德才兼备的高素质创新性人才的道路上不懈努力。

姜传海：真"材"实"料"助交大学子成功筑梦

【名师名片】

　　姜传海，上海交通大学 2020 年"教书育人奖"二等奖获得者。1963 年 9 月出生，2001 年 12 月上海交大材料学院博士后出站，并留校工作至今，2007 年法国国立高等工程学院高级访问学者，现任上海交大材料学院研究员，博士生导师，工作岗位为教学科研并重型。姜传海多年承担两门研究生课程，每门选课人数达百人，获最受学生欢迎教师奖。承担两门本科生实验课程，获上海交大辉煌计划一级实验室技术岗位及实验室管理先进工作者。

【名师名言】

　　■教师当然须教，而尤宜致力于"导"。导者，多方设法，使学生能逐渐自求得之，卒底于不待教师老师之谓也。

　　■一名具有高尚师德的教师，须因材施教，尤其是对研究生教育，要善于发现每个学生的独特性，定制研究计划。

　　■优质的教育资源不应局限于校园，能够服务于行业和社会的教育者才能真正实现教育的意义。

2020年金秋季节，上海交通大学"教书育人奖"二等奖对于硕果累累的姜传海来说是最好的教师节礼物。姜传海认为，作为一名多年来一直专注于研究生教育培养的教学科研并重型导师，这一荣誉是对自己最大的褒奖。

在交大任职的许多年里，姜传海一直是"特立独行"的存在。这不仅体现在他一直致力于研究生课堂教学和实验教学的创新探索，编著或合作编著诸多适合研究生教育应用的教材，曾荣获"上海交通大学第十四届优秀教材奖"；其独特的研究生培养模式——因材施教，"朋友式"讨论教育方式，国际化联合培养培养出众多优秀的硕博士毕业生。其指导的多半博士毕业生在高校和科研单位工作，已有多人晋升为正高职称；还体现在他多年来致力于国内公益教育，针对国内本行业存在的问题，针对性地举办了十余次全国残余应力及喷丸强化研讨会、技术培训班，获得了良好的社会效益。姜传海认为，真正的教育者不应该局限于校园，能够服务于行业和社会的教育者才能真正实现教育的意义。

理论永远与实践相结合

"问渠那得清如许，为有源头活水来"。理论知识通常很难引起学生兴趣，只有让学生亲身体验，才能让他们记忆深刻。姜传海常年扎根教学一线，注重科研的同时不断提高自己的教育教学水平。在课堂教学中，姜传海对课程教学体系不断改进完善，采用师生之间以及学生之间的互动教学方式，有效提高学生在课堂上的学习兴趣和主观能动性。姜传海建立的课堂教学、实验教学以及工程实践相结合的教学体系，很大程度上提高了学生学习的自觉性，以及独立思考和工程实践能力，培养出本学科领域的优秀高素质人才。

通过与实践相结合的教学方式，姜传海让学生更好地掌握所学知识。他尊重学生主体地位、适应思维和认知特点的教学方式，受到了学生们的积极认同和热烈欢迎，收到了事半功倍的理想教学效果，所教授的"X射线衍射原理与技术"和"同步辐射及其应用"等课程，几乎年年成为选修课中的"必选课"。

美国教育家苏娜丹戴克曾说："告诉我，我会忘记；做给我看，我会记住；让我参加，我就会完全理解。"任何脱离实践的单纯的理论说教，难免枯燥乏味，不仅无法引起学生的兴趣,调动学生的热情,而且也难以给学生留下深刻的烙印,其教育质量实效也自然只能是大打折扣、事倍功半。而姜传海的教学则丰富多彩,他利用自己的大量横向科研经费,购买了多套/台先进的仪器设备,例如UltimaIV 型高速 X 射线衍射仪、SmartLab 型高分辨 X 射线衍射仪、LXRD 型大功率 X 射线应力仪、MXRD 型微区 X 射线应力仪、iXRD 型便携 X 射线应力仪、XL640 型台式 X 射线应力仪、μ - 360 型以及 SmartSite 型手持 X 射线应力仪等,为学生们提供了坚实的实践基础,给学生提供了亲身体验书中理论知识的机会,让他们形成深刻认知,留下难以磨灭的印象。在这种情形下,姜传海充分点燃了学生的学习热情,激发了学生们的学习兴趣,学生们掌握的知识自然也更加牢固扎实。

"教育"的重点不仅在于"教",更在于"育"

教育的本质不是单纯的灌输,而是让人发现人性的本质。教育界有句谚语:"教育的本质,不是把篮子装满,而是把灯点亮。"教育的目的不是学会知识,而是学习一种思维方式。学会思考、选择,拥有信念、自由,这是教育的目的,也是获得幸福的终极能力!在姜传海的几十年教学生涯里,他始终坚信"教师之为教,不在全盘授予,而在相机诱导"。一名优秀的教育工作者,不仅要传授给学生相应的知识,更要着眼于培养学生的自我学习能力。在多年的教学工作中,姜传海发现在学校里教师能给予学生的知识是有限的,只有助学生养成不断求知、积极奋进的习惯才会使他们一生受益。

姜传海认为,一所好的大学,不仅要有大师传道,高屋建瓴,更要有学生互教,追求真理。不论是对于课堂上的学生还是自己指导的研究生,姜传海始终把育人跟教书联系在一起,不仅要传授给学生知识,更要培养他们学习的习惯,培育他们的人品,为国家社会提供更多的栋梁之材。在多年的教学工作中,姜传海也在不断反省,不断提高。但是不论如何改进教学流程,姜传海始终坚信每一个学生都是优秀的个体,只要给予他们充足的指导与帮助,他们都有可能展现出巨大的潜力。因此在姜传海的课堂上,他总会给学生充分的自我学习、自我展示的机会。每每谈及此事,姜传海总是信心满满地对周围人讲:"只要给他们足够的时间去学习去了解,他们可能比老师讲得还好。"姜传海看中的不仅仅是学生在这一堂课中学到了什么,他更看重学生在这一堂课中是否学习到了汲取知识的方法。

真"材"和实"料"为学生筑梦助力

姜传海在 2017 年被增补为国际喷丸技术科学委员会委员,是中国仅有的两位委员之一。他还长期担任中国机械工程学会失效分析分会常务理事及喷丸技术专业委员会常务副主任、中国机械工程学会理化检验分会理事、中国汽车工程学会汽车材料分会理事、中国晶体学会理事及粉末衍射专业委员、中国物理学会X 射线衍射专业委员、上海市物理学会理事及 X 射线与同步辐射专业委员会主任以及中国机械工程学会材料分会常务理事及残余应力专业委员会副主任兼秘书长、中国机械工程学会材料分会磨料丸料专业委员会常务副主任,在国内多次主持举办残余应力、喷丸相关国际研讨会。研讨会期间,在进行学术研讨的同时,他对实际工程中存在的问题予以探讨解决,受到业界一致好评。姜传海还多次应邀出席各种国际学术活动,曾去美国、加拿大、澳大利亚、法国等国家进行讲学和交流活动,引起了中外喷丸及残余应力界同行越来越多的重视。

作为材料科学与工程学院的一名老师,姜传海经常自嘲是一个只能做一些简单事情的"材料人"。其实不然,姜传海的"职业自豪感"相当强烈。他经常对学生讲,"随着人类进入新世纪和科学的发展,无论是工业领域、建筑领域、医用领域还是航空等领域,材料学都面临着技术突破和重大产业发展机遇"。姜传海引导学生将所学知识不断运用到实际工业中,在实际工业中验证材料理论知识。例如在复兴号高铁轮毂喷丸工艺与残余应力问题上,姜传海带领学生赴现场勘查实际问题,详细探讨高铁运行过程中轮毂所存在的问题及其原因,与中车单位共同优化制造工艺,改善轮毂材料组织结构及残余应力分布,显著提高轮毂服役寿命。此外,姜传海在核电反应堆管道、核电汽轮机转子轮盘以及大飞机叶片等关键零部件的喷丸强化和残余应力方面,也做出了大量卓有成效的成绩。

姜传海参与编著出版多本教材,包括《材料射线衍射和散射分析》《内应力衍射分析》《材料喷丸强化及其 X 射线衍射表征》《中子衍射技术及其应用》《X 射线衍射技术及其应用》《材料组织结构的表征》及《体结构与缺陷》等。其中《材料射线衍射和散射分析》获得上海交通大学第十四届优秀教材特等奖。教材质量的优劣对教学效果起着举足轻重的作用。姜传海通过自编教材,紧跟本学科领域发展趋势,针对不同学生体现出教材内容的层次性和独特性,很好地满足了教学工作的需要。

姜传海长期从事 X 射线残余应力分析与喷丸强化工作,共主持国家、省部级及大中型企业科研项目 100 余项。累计发表论文 200 余篇,多数为 SCI 及 EI 检索期刊,发明专利 20 项。姜传海通过自己的真"材"实"料"不仅为社会服务,也为学生筑梦助力。

蔡艳：以人为本，教研相长

【名师名片】

蔡艳：上海交通大学 2020 年"教书育人奖"二等奖获得者。长期从事激光焊接方面的研究，擅长对传统材料加工技术进行数字化和智能化革新，完成多项国家及省部级科研攻关课题，相关研究成果在汽车、船舶、核电等领域成功应用，先后获得上海市科学技术奖、中国机械工业科学技术奖、中国汽车工业科技进步奖等；致力于科研与教学的深度融合，围绕"材料智能制造"打磨系列化课程，打通"本、硕、博"进阶式学习路线，形成富有特色的多维教学模式，为"材料智能制造"教学提供创新性素材和范例。

【名师名言】

■ 以人为本，知行合一。

■ 科研与教学给予我无穷的力量和快乐，我希望将这种力量和快乐传播给我的学生，让我与学生并肩前行，携手共进。

　　蔡艳长期在本科和研究生教学第一线踏实工作、积极探索,在激发学生兴趣的同时,注重教学内容的深度和广度,致力于将科研工作与教学工作相结合,摸索出一条凸显专业特色、符合时代特征的工科教学道路。在长期教学工作中,她采用具有带入感的案例教学模式,让学生们有话想问、有话想说,培养学生的探索精神和科研兴趣;通过鼓励式提问和聆听式讨论,让学生有话能说、有话敢说,培养学生的参与意识与表达能力;设计丰富有趣的试验环节,培养学生敢做会做、乐于实践的能力,提升学生的工科素质和做事能力。她获得上海交通大学最受学生欢迎教师称号,并多次获得院级、校级和市级教学奖励。

教学相长,跟着时代脉搏打磨课程内容

　　蔡艳长期致力于探索工科教学新模式,近年来在材料加工与智能制造的交叉领域形成了富有特色的课程架构和教学方式。构建了具有进阶层次的系列化课程,包括本科核心课程"材料制造数字化技术基础"、研究生必修课程"材料加工智能制造",以及研究生选修课程"测量与评估"和"材料加工过程自动控制",其中本科教学以基本概念和兴趣激发为主,研究生教学更加重视技术创新和工程应用。材料加工与智能制造的交叉融合是材料学院学科发展的目标之一,但是国内外高校均没有相关课程的范例,学生只能通过跨学院选修课程来获取相关知识。由于缺乏跨学科的专业基础,学生在选课和学习过程中均遇到很大困难。为此,蔡艳及其团队利用自身的专业特点,深入调研相关课程,广泛听取学生心声,精心设计并持续打磨,编写了本科《材料制造数字化控制基础》教材,正在编写研究生教材《材料智能制造技术基础》,逐步形成了"材料智能制造"系列化课程。蔡艳作为这一系列课程的核心教师,不仅负责系列化课程的架构设计,而且承担教学内容的规划与衔接。在该系列课程中,蔡艳老师每年承担近百学时的教学任务,不断总结教学经验和学生反馈,推敲教学内容的选择和授课顺序,在保证知识体系完整的前提下,较好地实现了课程之间的过渡与进阶。目前,该系列化课程已经形成本科以"数字化"为特色,研究生以"智能化"为特色,本科以"授课+实验"为基本授课模式,研究生以"研讨+项目实践"为基本授课

模式的清晰脉络,学生可以根据自己的科研工作和发展意愿来进行选择,不仅得到我院学生的好评,而且形成了具有交大特色的系列化课程,受到兄弟院校的关注。

换位思考,从学生角度摸索教学方式改革

蔡艳在授课方式上的探索也取得了非常好的效果。她始终将学生感受放在第一位,首先要让学生好奇授课内容,其次要让学生听懂授课内容,最后要让学生回味授课内容。为此,蔡艳将每次授课划分为3个阶段,第一个阶段以提问为主,抛出问题让学生想办法解答,选择科技领域的热点问题或科研课题中的攻关难点,鼓励学生们开放思维,在寻找解决方法的同时建立好奇心;第二个阶段以讲授为主,告诉学生这个问题在实际案例中是怎样解决的,利用了哪些基本知识和技术,实施了怎样的操作流程,获得了哪些效果等等,这个阶段要调理清晰,言简意赅,让学生充分理解知识要点;第三个阶段以讨论为主,引导学生讨论解决方案是否有漏洞或不足,可以怎样改进,或者通过一些场景分析或现场辩论,让大家觉得有话要说。蔡艳在教学过程中始终坚持三段式教学方式,为每次授课精心挑选案例,尽量贴近学生关注的热点问题,让学生们有话想问、有话想说;通过鼓励式提问、聆听式讨论,让学生在老师和同学面前有话能说、有话敢说,有效提高了学生在课堂上的参与度与活跃度。蔡艳多次在学院进行教学示范,听课老师一致认为其对课堂的把控能力,对学生的吸引能力,以及与学生的沟通互动非常值得学习借鉴。

蔡艳始终认为在工科课程中,不仅要让学生敢说能说,而且要让学生能做会做,动手实践对于工科学生来说永远是不可或缺的。为此,蔡艳建立了基于虚拟仪器的材料热处理试验平台,鼓励学生自行编写程序进行材料热处理,根据学生基础差异设置不同的目标,计算机基础薄弱的同学可以选择自动化控制目标,而基础较好的同学可以选择智能化控制目标。考虑到学生相对缺乏学科交叉领域的基础知识,蔡艳采用线上线下相结合,课内课外相补充的方式,鼓励学生向未知领域探索,尽力为他们提供一个积极向上、宽松温暖的实践环境,这不仅有利

于培养学生对课程的兴趣,对学生后续的工作与生活也是十分重要的,很多从蔡艳课堂走出来的学生在毕业数年后还会铭记这个过程。蔡艳先后获得5届学院最受欢迎教师称号,并获得2013年校级最受欢迎教师称号,在男教师占大多数的工科课程教育中形成了具有女性特色的授课模式。

亦师亦友,我们是科研道路上的同路人

与讲台上的激昂讲课不同,在指导研究生时,蔡艳始终坚持"与学生并肩前进"。她常说:"我比学生们早一些进入这个领域,我们都是这个领域的朝圣者,只是处于不同阶段而已。"一方面,科研工作是一个漫长而艰辛的过程,对于当下研究生来说,焦虑是普遍存在的共性问题。作为科研道路上的领路人,导师所给予的温暖对于青年学生来说至关重要。她始终坚持与研究生定期单独沟通,为每位学生建立工作台账,借助微信、网络视频等平台,学生有问题可以随时联系,始终坚持第一时间回复。另一方面,科研工作是理性的,需要坚持不懈的韧性和一丝不苟的态度,这个时候的导师应当是冷的。对学生科研素质和潜力的培养不仅需要导师投入大量时间和精力,而且要平衡好"热"与"冷"的关系。她说:"当我为了科研攻关连续数月加班加点,看到学生们和我一起并肩作战却仍有笑容时;当一个爱哭鼻子的学生反复调试终于得到预期计算结果,深夜里给我打电话笑声爽朗时;当一个不善言辞的学生顺利完成国际合作项目工作汇报并得到外方技术总监首肯时,一切付出都是值得的。我的'热'与'冷'得到了学生们的认可,时常有学生从国内外返校回来叙旧或探讨当下的生活和工作,大家是师生,也是朋友,是科研路上的同行者,是人生路上的好伙伴!"

周保学：立德树人铸就创新型人才

【名师名片】

周保学，上海交通大学 2020 年"教书育人奖"二等奖获得者。上海交通大学环境科学与工程学院长聘教授。于哈尔滨工业大学获博士学位。曾任环境科学与工程学院环境科学系主任、院长助理，担任环境科学党支部书记十三年，教育部新世纪优秀人才入选者。曾荣获上海市科学技术奖发明奖三等奖、上海市优秀博士论文指导教师奖（2012、2014、2016）、上海交通大学凯原十佳科研团队、上海交大优秀党务工作者。

【名师名言】

- ■ 思源感恩，积极进取，勇于探索是开启成功之门的钥匙。
- ■ 事物有两面性，始终站在正面，就永远不会陷入负面情绪中。

周保学在上海交大环境学院教书育人十七载,从事高等教育三十四年,现任环境学院环境功能材料团队负责人,长聘教授,曾任环境科学系主任、院长助理,担任环境科学党支部书记十三年,是教育部新世纪优秀人才入选者,2019上海交大优秀党务工作者,*Nano-Micro Letters*(IF 12.264)副主编,上海市电子电镀专委会常务副主任,中国表面工程协会常务理事、清洁生产指导委员会委员,上海重金属污染控制与资源化工程技术中心技术委员等。

德育为先、创新为本

"师者传道授业解惑也",周保学深深体会到,教育的第一目的是"传道",传授学生做人的道理,其次才是"授业"——学生创新能力的培养。坚持正确的价值取向,把个人融入集体中,通过集体的发展实现自我价值,这是周老师在课堂、研究生组会、研究生谈心时挂在嘴边的话。他会用亲身经历告诉学生如何感恩社会、感恩学校、感恩父母。他常语重心长地对学生讲,在"利益"面前有两种选择,一种是对个人有"利",一种是对他人有"益",坚守自己的信念,不彷徨、不焦虑、不气馁、不动摇,自始至终积极进取,做一个一身正气大写的"人"。他会让接触他的学生始终感受到正能量,并感染每个学生,用他的信念坚定学生的信念。

"创新点在哪里?"这是周保学问研究生最多的一句话。学生创新能力的培养是他最关注的育人环节。他注意循循善诱,挖掘学生的潜能,激发学生的热情。他注意发挥团队老师对于学生的集体指导作用,探索出了一条团队指导与青年指导相结合的方法,同时又注意在每个学生的科研关键点处给予及时指导。学生感叹最深的是周老师的高效率、快节奏,尽管课题组有十几位博士生和硕士生,但周保学对每个学生的选题的创新点、难点了如指掌,学生发给周老师的论文当天总能收到他的修改意见。在周老师和他助手的共同指导下,2019届环境学院50余名硕士毕业生共评出了4名优秀硕士生,周保学老师课题组占了3名。到目前为止,周保学培养的研究生中,3人获得上海市优博,7人获得国家奖学金,9人获得交大优秀毕业生,22人次获得省市及交大各类奖学金。周保学带领的团队 2014 年入选上海交大凯原十佳科研团队,首批入选上海交大大学生科技创新工作室,毕业的研究生大多进入 985 高校和国家重点企业工作,其中高校研究所任正高职 4 人,副高职 6 人。

青年教师是教育的未来和希望

青年教师朝气蓬勃、奋发向上、勤奋工作,是培养学生最重要的力量,但青年教师面临着科研、教学、职务晋升的巨大压力。环境功能材料团队共有 5 名教师,其中 4 名中青年教师。周老师非常关心和培养年轻教师,在团队科研任务压力大的情况下,派他们进入世界一流大学进修或进入国家环保部进行锻炼。同时周老师还特别关心他们的家庭生活,尽可能地帮助他们消除后顾之忧。在课程教学方面,通过"传、帮、带"让他们尽快进入角色,目前三位年轻教师承担了本科生课程主讲任务,其中李金花讲授的"环境评价"被评为上海市教委重点课程。白晶以第一作者发表了我校第一篇 *Chemical Reviews* 综述。团队成员近五年发表了 58 篇 SCI 论文篇。3 人次入选省部级人才计划,2 人入选上海交大晨星学者奖励计划,撰写专著 2 部,获得省部级奖 5 项,近三年 2 人主持国家重点研发计划(国际合作)项目。

坚守教学岗位,注重理论联系实际

课堂教学是育人最重要的一环,不仅要让学生学到课本知识,更重要的是培养学生的科学思维方法。周保学主要承担了研究生的教学任务,连续主讲博士生"环境污染与控制化学""环境催化与环境功能材料专题"课程十五年,承担硕士生的课程也有十年。以博士生课程为例,周保学认为博士生需要具备对污染控制透彻的理解能力和广博的认知,能透过问题提出独特方法,据此他将课程内容划分为三个单元,通过原理学习培养学生对问题本质认识的穿透能力,通过应用知识学习,拓展学生视野,通过工程案例以及顶级学术论文研讨,培养学生对关键问题的解决能力。有不少同学说,周老师讲过的课,是他们印象最深的课程之一。在抗击新冠肺炎期间,周保学负责了硕士生、本科生、博士生共五门课程的网络教学任务,是全院负责课程最多的老师。为了保证课程质量,周保学与课程团队成员精心准备,一丝不苟,从试讲到网上第一课,他都冲在第一线,所负责新开设的两门工程博士生课,虽然仅有两名学生,但他仍然针对工程博士培养的特点,重新设计了课程内容,组建了课程团队,确保了网课的质量。周保学说,教学是师生相长的过程,不仅提升了课程质量,也激发了科学研究的原创思路,近年来周老师课题组年均发表10余篇高影响力(AB 档)SCI 论文和多项科研项目,其原创思想就来自对课程原理的再认识。

为人师表,德育为先,育人为本,这是周保学的教育理念;爱岗敬业,关心学生,培养青年教师,这是教师的社会责任。周保学是这样想的,也一直在努力地做着。

陈春丽：不忘初心，用温度与情怀育人

【名师名片】

陈春丽，上海交通大学 2020 年"教书育人奖"二等奖获得者。上海交通大学副教授，中国科学技术大学博士。担任数学科学学院"高等数学""数学分析"等课程的主讲教师。责任心强，潜心教学，始终对教学充满热情，是一位有情怀、有温度的好教师。获得教育部自然科学一等奖，上海交通大学优秀教师奖一等奖，上海交通大学三八红旗手，上海交通大学优异学士学位论文指导教师，上海交通大学烛光奖励计划二等奖。

【名师名言】

■ 数学是有温度的，课堂是老师和学生共同的舞台，要做一个有情怀、有温度的老师。

■ 作为教师的我，希望能更多地成为学习的设计、督促、激励与陪伴者，将工作重心转变为学习设计与开发、学习问题诊断、个性化学习指导等方面。

■ 我们的学生不一定每位在将来都能成为各行业的领军人物，但是应该具备成为精英的能力。

"有激情,有热情,思路清晰。"——这就是学生眼里的陈春丽老师,一位可以让课堂"燃"起来的数学老师。

陈春丽老师常常说,"数学是有温度的,课堂是老师和学生共同的舞台,要做一个有情怀、有温度的老师。"

醉心教学　精益求精

在教学上,陈春丽用心专注,肯花心思,力求课程设计与教学实际相结合。2020年新冠疫情让人始料未及,陈春丽一直密切关注疫情的动态,同时也在思考着自己作为一名数学老师能做些什么。整个寒假她都在收集和整理各国学者在疫情预测方面所做的研究工作、使用的预测方法和预测结果。她结合本学期的高等数学二的课程内容,精心设计课堂教学。在第一节高等数学线上教学的试播课上,陈春丽将自己精心整理的传染病模型和新冠疫情预测作为课程的开场,从疫情预测的数学方法讲到高等数学第一学期知识的缺陷,再给出本学期的知识框架。她用一个假期时间苦心整理的新冠疫情传染病流行趋势的研究结果,最后浓缩为试播课程,即用10分钟的传染病研究的前沿介绍,打造出一节受到学生高度好评的试播课。这10分钟不仅是陈春丽一个普通假期备课的缩影,也凝结了一位数学老师对社会的责任与对教育事业的热爱。

走近学生　因材施教

"上课思路清晰、注重教学艺术、课外及时答疑",秉持着这样的工作要求,陈春丽已经在教学一线工作了17个年头。即便如此,她始终在心里放着学生的感受,希望自己能更贴近学生、了解学生,同时能给学生更多的鼓励和支持。每学期秋季的第一节高等数学课,陈春丽都要告诉学生三件事:一是进入交大,意味上到了一个更高的平台,可能大家会有比较大的心理落差,因为自己没有高中期间那么出色了,希望大家能始终相信自己,突破自己,超越自己;二是不同地方的学生数学基础不同,提前学过新学期内容的同学不要懈怠,没有学过的同学也不必有压力。无论过去学到哪个程度,都要紧跟老师的教学进度;三是学习的过程中要敢于提问,敢于挑战老师。期中考试时,很多同学会拿到自己意料之外的较低分数,甚至不及格。这时候,陈春丽要告诉大家:不及格,可能意味着差距,但不意味着你的能力不行。眼前的差距,是你们站在一个更高的平台上,随之而来的是更高标准与现状之间的差距。你们要做的是相信自己,努力不懈怠。

这些看似平淡无奇的话,满载着陈春丽对学生的了解与关爱,也渐渐消除了学生对高数的畏惧和对自我的怀疑。她常常说,高等数学是大一学生从高中到大学的第一门"杀手级"公共基础课。所以陈春丽希望自己除了传授知识之外,还能成为学生的引路人,带学生顺利完成高中到大学的过渡。

陈春丽还是一个善于点燃学生理想与热情的老师,对课程的投入精细到课堂的每一分钟。无论她上哪一门课,都能点燃学生对这门课,乃至对数学学科的热爱。对于学生的疑问她更是不吝时间,及时回应。多年来,陈春丽保持着通过QQ、微信、邮件等方式与学生交流的习惯,第一时间解决学生在学习过程中遇到的问题,并主动关注学习困难的同学。在讲授微分几何时,有些同学对几何方向产生了深入学习的兴趣,希望加入陈春丽的课题组。她就以讨论班的形式指导他们集中讨论,并亲自为这些本科生联系合适的研究生暑期学校,资助他们在大三暑假参加研究生暑期学校,与数学专业的硕士研究生和国内外的专家面对面学习交流。通过一系列循序渐进的学习,这一批学生对几何的理解更加深入,其中朱知非和潘佳垠两位同学分别在广义相对论和对称空间方向找到了自己感兴趣的课题,并在此基础上完成了本科毕业论文。这两篇本科生的毕业论文从选题到完成,经过了两年的学习和研究,承载了陈春丽的精心培养和学生对数学的热爱。朱知非同学的毕业论文《Taub-NUT 度量的 Einstein 场方程及其性质研究》还被评为上海交通大学首届优异学士学位论文。

与时俱进　学习不停

基于多年教学经验,陈春丽意识到作业批改、作业质量和学生作业分析是教学中相对较弱的环节,会直接影响到学生的学习效果。就如何提高作业在教学中的效果,除了增加辅助的教学手段,如思维导图的教学、学生易错点分析、注重助教的作业反馈表等,她还花费大量时间、精力积极进行教学研究,在教学中摸索如何搭建信息化学习平台,如何利用在线资源进行课堂互动。

2019年8月起,陈春丽基于香港科技大学的Classviva系统搭建"高等数学"的在线作业平台,积极推进高等数学教学的改革。通过搭建平台,完成学生作业的自评、互评,通过平台追踪学生的学习习惯和学习效果,并通过平台功能的完善培养学生的高阶思维能力。目前平台基本完成,并进行了第一轮试点,在"停学不停教"期间发挥了积极的作用,得到学生的认可。

从教近二十年,陈春丽已经从一位青涩的教师成长为一位在课堂上驾轻就熟的资深教师,但是她始终不忘初心,并在新的时代背景下积极迎接新的挑战。她通过参加各类教学研讨活动,不断探究教学效果。思维导图就是这样进入陈春丽的课堂,成为她教学的一个"法宝",她画的"高树"也成为她和学生之间的"暗语"。简单的几笔勾画,就能燃起学生对知识的记忆。虽然高等数学的课时非常紧张,但是陈春丽总会挤出时间跟学生讲思维导图的技巧和整理方法,并对学生的思维导图进行点评,提高学生运用思维导图的能力。每次思维导图的作业反馈都显示出学生对这部分内容超高的接受度,很多学生惊呼"太棒了! 画了思维导图以后,知识结构格外清晰""整理时才发现原来自己已经学了这么多的知识和技巧""遗忘了很多,画思维导图一帧帧复习,效果真好"。这样看似不经意的教学安排,教学大纲以外补充的内容,其实都凝结了陈春丽的智慧和用心,也是她自己不断学习的见证。

关注社会　立德树人

陈春丽除了潜心教学,还不忘将对社会的深切关注和关爱化作正能量传递给学生。她视学生为未来社会各行各业的重要力量,力求扮演学生走向社会的领路人角色。她将理论联系实际,从生活中积极寻找可以与课程结合的内容;注重对学生的价值引领,寓思政教育于课程之中,例如结合美国对华为的打压和任正非对基础研究的高度重视,从而引导学生理解课程的意义,帮助学生树立学习目标。在她的心中,这个目标包括课程的学习目标、大学期间的目标和人生的目标。陈春丽通过对学生的价值引领,将这三层目标点滴渗透在日常工作中。她时常告诉学生要志存高远,虽然未来不一定每个人都能成为行业精英,但要从学生生涯起树立成为各行业领军人物的志向,矢志奋斗。在 2017 年"走访家乡的新交大人——助飞计划"暑期社会实践,陈春丽作为助飞新疆的带队教师走访了新疆的新生,并参加了"行万里路,知中国情"暑期社会实践活动,并被评为优秀指导教师。

这些年来,陈春丽收到了很多毕业生的来信与留言。2020 年春季学期结束线上课程后,一位学生在邮件中这样写道:"非常感谢您这两个学期的教导。我觉得您教得真好! 高中时候老师骗过我们两点:上了大学以后会轻松;大学老师才不会管你们的理解,自己上到哪就到哪。很可惜,上了大学发现都是谎言,前者在人生的哪个阶段都不成立,因为如果想变得优秀就永远需要努力;后者也是错的,但错得非常好,很开心进了大学第一位高数老师是您,我觉得您上课思路清晰而且一直耐心课后答疑。再次感谢可爱可敬的陈老师!"

来自一批又一批学生的肺腑之言,真实再现了潜心教学,不忘用温度、情怀春风化雨、教书育人的陈春丽老师踏实求真,始终如一的教学事迹。

沈增明：热爱教学，投身教学，培养一流的学生

【名师名片】

沈增明，上海交通大学 2020 年"教书育人奖"二等奖获得者。上海交通大学化学化工学院化学系教授。2006 年 7 月获中科院上海有机化学研究所博士学位。2006 年 9 月于加拿大的多伦多大学从事博士后的研究工作。回国后，2010 年 4 月加入上海交通大学化学化工学院，2017 年 12 月晋升为上海交通大学教授。获得多项荣誉：入选上海市"浦江人才"；荣获 2013—2014 年度上海交通大学"三八红旗手"。荣获 2016 年第二届上海高校青年教师教学竞赛二等奖（排名第一，当年我校最好成绩）；荣获 2016 年上海交通大学首届青年教师教学竞赛一等奖；被授予上海交通大学教学能手称号；2016 年荣获上海交通大学优秀教师二等奖；荣获 2010 年和 2017 年度上海交通大学"SMC－晨星青年学者奖励计划"优秀青年教师 A 和 B 类。

【名师名言】

■ 教师不仅是神圣的职业，更是我所热爱的事业。热爱教学，投身教学，培养一流的学生是我多年来一直追求的梦想。

■ 科研是教学的创新源泉和保鲜剂，可以为教学提供创新的思路，永葆课堂的活力。

■ 在科研与教学结合方面，要同时与前沿科学相融合，培养研究生的学术志趣和科研能力。

　　沈增明老师认为教师不仅是神圣的职业更是她热爱的事业。"热爱教学,投身教学,培养一流的学生"是她多年来一直追求的梦想。沈增明承担了多门本科生和研究生的课程,潜心教学研究,形成了自己的教学理念和教学方法。主要讲授本科生的"有机化学"(专业基础课),研究生的"高等有机化学"和博士生的"近代化学研究方法"。她不断探索和尝试新教学方法和教学技能;对线上线下混合式教学改革进行实践探索,建设了"有机化学"慕课;课堂教学注重培养学生的发散性思维和广阔的视角,激发学生对"有机化学"的兴趣,获得了学生们广泛好评,也取得了很好的教学效果,多次荣获各类教学奖项。2020年疫情期间,全校实行在线教学,沈增明讲授的"有机化学"获得了全校老师和学生的高度赞扬和肯定。因此"有机化学"成为院系的观摩课程,为学校和学院的在线网络教学工作起了示范引领作用。

疫情期间排除万难,勇挑直播授课重担

　　2020年春季由于突如其来的全球疫情,全校实行在线教学。沈增明主讲的"有机化学"课程是公共专业基础课,面向化学、生物、药学、环境、农学、海洋、生医工平台,需向500多学生进行直播上课。这门课程是64学时,沈增明承担了这门课程的网络直播授课。一周两次直播授课,所有的有机化学教研室老师及学校学院督导老师旁听,每一次课都是公开检验课。压力和工作量是巨大的,为了把"有机化学"课程上好,沈增明排除困难,付出了大量的时间和精力。在多年的教学方法累积基础上,根据直播课堂的特点,沈增明对课程教案进行再一次的精心设计和备课,制作清晰优美的PPT。由于精心的准备和高水平、高质量的授课,沈增明讲授的"有机化学"获得了全校老师和学生的高度赞扬和肯定。同时,为了让直播课堂充满乐趣,缓解同学们的大脑疲惫感,沈增明在课前和课间还与学生们进行游戏互动。学生们好评如潮,纷纷表示老师上课太棒了,有机化学太有趣了。"有机化学"也因此成为院系的观摩课程,为学校和学院的在线网络教学工作起了示范引领作用。

探索教学新实践　一腔热血为教改

沈增明怀揣着对教学的赤诚热心,在教学方法、教学技能和教学改革方面不断进行尝试和创新。2016年,沈增明提出新教学方法——传授学生知识转变为传授学生创造知识的方法和能力,深受学生们的喜爱,获得了学生们的广泛好评。同时,该方法使得学生的学习热情和学习成绩发生了质的改变。2018年春季学期,教学发展中心对沈增明主讲的有机化学班级进行了中期学生评价反馈的问卷调查,学生们对沈老师的新教学方法给出了积极的肯定和赞扬。

这种新教学方法的创新性体现在以下六个方面:

- 把前沿的科学知识融入课堂教学;
- 在教学过程中实施课堂思政,让同学们感受每个人都有可能成为科学家;
- 以"激发学生对这门课程的兴趣"为核心进行教学设计;
- 采用通俗易懂的模型、语言和图片来帮助同学们理解课堂知识;
- 制作清晰优美的PPT课件,让学生在最短时间内掌握知识的重点;
- 精选随堂讨论题和思考题,实现学生的"输出式的内化"。

此外,沈增明不仅在课堂上积极探索教学新模式,还参与了混合式教学改革的实践探索,即众所周知的慕课平台。

沈增明作为"有机化学"慕课建设的主要筹建人,对"有机化学"线上和线下混合式教学改革进行了试探,与有机教研室团队共同建设了"有机化学"慕课。

2020年春季,沈增明所在的有机教研室团队的"有机化学"慕课正式在"中国大学慕课网"上线,面向全社会开放,选课人数多达1 380人,为疫情期间线上教学做出了重要的贡献。同时,也为线上和线下混合式教学模式的探索,树立了典范。

紧跟前沿科学,以科研润辅教学

沈增明认为,科研是教学的创新源泉和保鲜剂,可以为教学提供创新的思路,永葆课堂的活力。因此,她积极参与科研方面的研究与交流,一直奋战在科研前沿。沈增明主持了国家自然科学基金面上项目和上海市项目等 8 项,并取得了一系列的创新性科研成果。

沈增明还有多项科研成果发表在国际一流化学期刊上,其中多篇论文被作为封面论文和热门文章发表,并被著名化学评论期刊 *SYNFORM* 和 *SYNFACTS* 作为亮点进行了专题介绍,成果得到了国际同行的高度认可。

在科研与教学结合方面,沈增明注重为研究生打下扎实的基础,同时与前沿科学相融合,培养研究生的学术志趣和科研能力。她培养的 15 名研究生中,部分同学荣获"上海市优秀毕业生"称号。

积极投身党建工作,弘扬立德树人价值

从 2017 年 4 月起,沈增明开始担任化学系教工党支部书记。化学系党支部以立德树人为重点工作,切实把思想价值引领贯穿化学系发展的全过程。通过与教学发展中心进行支部共建活动、教学主题的讲座、鼓励青年教师参加教学比赛等多种形式提高教师的教学业务水平;同时党支部积极组织召开"教育思想大讨论"主题党日活动,深入思考人才培养,营造立德树人的氛围,挖掘优秀教师的事迹,加强宣传、引领示范。

沈增明还积极带领党支部举行公益科普活动,为宣传和推动小学生及家长对化学的正确认识和热爱起了很好的作用。2019 年 12 月 1 日化学系党支部举行"化小苗趣味实验"公益科普活动,受到了校内外家长和小朋友的热烈欢迎。活动分为"趣味课堂"和"趣味实验"两个模块。小朋友和家长对此次活动给出了极高的评价,纷纷表示他们经历了一次奇幻趣味的化学之旅。同时,在沈增明的带领下,化学系教工党支部也被上海交通大学授予了 2018 年"先进基层党组织"的称号。

张霞：锐意改革，与时俱进，信息化时代的教学者

【名师名片】

张霞，上海交通大学2020年"教书育人奖"二等奖获得者。上海交通大学生命科学技术学院研究员，从事生物学实验课程教学工作二十余年，主持上海市、校级教学改革项目多项，参与建设多门国家级、上海市精品课程，发表教学改革论文多篇。推动"线上线下混合式"教学模式，多次受邀在全国性教学培训会上做报告。教学成果荣获全国混合式教学设计创新大赛一等奖、全国生命科学类微课比赛一等奖、上海市教学成果奖等荣誉。

【名师名言】

■ 要做学生的老师，先做学生的朋友，体味教学互长。

■ 爱动脑，也要勤动手，伟大的思想都要通过实践来检验。

■ 和蔼可亲的态度，永远是教师最好的名片。

　　张霞扎根一线,从事本科教学工作二十余年,坚持以德立身、以德施教,全身心投入生命科学人才培养工作,在教学岗位上潜心教学,不断探索进取,研究教学规律。在信息化高速发展的时代,积极投身教学的信息化建设工作,打造数字课程,运行在线课程,推动"线上线下混合式"教学模式,在教育事业和教学服务工作中始终怀揣赤诚之心。

建设在线课程　设计混合教学

　　"互联网+"时代,大学教学何去何从是时代潮流给高等教育带来的机遇和挑战。张霞自2002年开始,积极投身教学视频的拍摄、教学网站的建设、立体化教材的编撰等工作,热衷于将信息化技术引入教学工作,走在国内高校信息化技术应用于教学模式的前列,极大地提升了教学实效。

　　在多年工作沉淀的基础上,张霞于2018年获得上海交通大学第一批在线课程建设项目支持,打造了全新的"微生物学实验"在线课程,该课程于2018年9月在中国大学MOOC上线:包括教学微课、实验操作视频、结果分析讨论等三个部分,在微课中详细讲解实验原理和设计流程,在操作视频中展示操作技术和实验细节,在结果讨论中引导观察分析和总结思考。目前该课程运行了4期,每期选课人数都在2 000人以上,最多一期达到7 000余人。参与在线课程学习的学员,除了国内各大专院校的学生外,还有大量企业人员和学校教师,在线课程运行良好,并获得学员的一致好评。该在线课程于2019年以数字课程(icourse)的形式,由高等教育出版社出版,目前上海交通大学、北京理工大学、上海中医药大学等多所高校通过多个线上平台使用本课程的资源进行教学。在数字课程的建设中,张霞拍摄的微课于2016年、2017年连续两年获得全国生命科学类微课比赛一等奖、制作奖和教学风采奖等;2018年,荣获教学发展中心"卓越教学奖";2019年,荣获实验系列"卓越奖励计划"。2019年,张霞主持的"应用信息化技术全面提升生命科学实验教学效果的探索与实践"项目获上海交通大学教学成果奖特等奖。

　　在信息化资源日益丰富和成熟的条件下,张霞于2013年开始探索线上线下的混合式教学模式,在专业基础课程"生命科学导论"和"微生物学实验"课程中,均采用了混合式教学模式,并探索在此模式下学生的学习规律和效果评价。设计基础知识翻转,创新知识讲授模式,结合各种监测指标,进行了连续多年的混合式教学实践,参与学生人数近千人。研究发现在混合式教学模式下,深度学习者和放弃学习者并存,相对于传统教学模式下的评价指标,课堂表现和网络自学是学生的薄弱环节,混合式学习规律的监控和综合评价显示网络自学是深度学习相关的重要因素。在混合式教学模式下,如何引导学生进行真实有效的主动学习是教师在新教学模式下的重任。张霞在多门课程中进行的混合式教学模式实践,获得了校内外同行专家的认可。近三年,她先后受到上海交通大学、复旦大学、西南财经大学、济南大学、山东中医药大学、广西大学、福课联盟—高教出版社—爱课程平台等高校、出版社和平台联盟的邀请,做了十几场特邀培训报告,扩大了上海交通大学在线教学建设成就的影响力。张霞主持的"微生物学实验"教学项目获得了 2019 年全国混合式教学创新设计大赛一等奖。

在混合式教学中,课堂互动技术的应用是必不可少的。目前,各种互动 APP 与小程序层出不穷,但是对于专业实验课程来说,常规的互动系统并不能满足实验信息的及时互动与沟通,而传统的互动实验室陈旧的机房式设计,早已不能满足新时代的需求。鉴于此,张霞以第二参与人身份,设计研发了一套"基于智能移动终端的实验教学互动系统"。该系统基于学生自带的智能手机(平板电脑、笔记本电脑)等多种移动终端的智能数码互动实验教学系统,用于生物学实验课堂的教学。系统使用自建的高通量的内部无线局域网络,包括一个或多个教学终端,和教学终端匹配的教学端显微镜、路由器,多个分别与路由器连接的学生端显微镜,显微镜内置一个微观成像模块,一个图像编码模块,一个 WIFI 模块,实现微观图像实时互动、宏观图像互动、教学示范教学、课堂作业、教学求助、实验设备管理等功能。该系统"一种基于多种移动终端的智能数码互动实验教学设备"于 2019 年 8 月获得专利,公开号为 CN209248806U。

锐意教学改革　实践教育理论

作为一线专业课教师,张霞一直以高涨的教学热情和坚实的专业知识作为教学支撑,在长期的教学工作中,不断总结教学经验,创新教学设计,实践教学理论,提升教学效果。通过交流会与培训班,提升自身教育学理论水平,并用教育学原理和规律武装自己,主持了大量省部级、校级教学改革研究项目,积极进行教学改革探索和实践,为培育具有创新思维的生命科学精英人才提供了思路。

首先,在教学目标的设定上,张霞应用布鲁姆(B. S. Bloom)教学目标的分类和层次,梳理所教课程的教学目标,从认知领域、情感领域、动作技能领域设定了基础知识记忆理解、分析应用与评价创新三个层次的教学目标。例如"微生物学实验"课程的教学目标设计如下:① 认知领域基础层面的教学目标:学习微生物的培养方法,建立无菌概念,熟练无菌操作,熟练各种典型微生物的形态观察方法,各种微生物的分离培养鉴定方法,微生物遗传学技术等先进的微生物学技术;② 情感和动作技能领域的教学目标:感受微生物之美,热爱生命科学,养成生命科学研究实事求是的实验习惯和工作作风;③ 认知和动作技能领域高层次教学目标:通过培养团队合作训练,提高学生分析、解决问题的能力,培养创新评价意识,培养科研工作素养。经过三领域三层次的目标设定,教学设计更加有的放矢,教学监测也更加有针对性。以上的教学改革由上海市沪教委 2018 年重点教学改革项目(2017,71 号)和 2018 年中国高等教育理科教育专业委员会高等理科教育研究课题的支持,均取得了良好成绩,并发表了多篇教学研究论文。

其次,经过多年的生命科学一线教学实践,张霞逐步探索并形成激发学习主动性、培养学生家国情怀和终身学习能力的教学理念,以匠人之心为培育具有创新思维的生命科学精英人才而服务。生命科学发展迅猛,实验技术日新月异,教学中授人以鱼不若授人以渔。学生掌握现有的知识和技术固然重要,但在学生毕业步入社会后,所学技能很可能很快落伍,学生将会跟不上时代与社会的发展变迁,因此,张霞在教学中引导学生积极思考、主动学习,具有家国情怀及终身学习的能力,为学生具备竞争力提供有效保障。自主学习能动性和创新精神,是张霞对学生注重培养的能力,她实施同伴教学(peer-instruction, PI)和游戏教学(The game teaching method)等方法,引导学生主动探究,互相学习,提高学习主动性,变"要我学"为"我要学",促进学生掌握知识、技能,获得良好的教学效果。此外,在教学中设计了大量的自学环节及相应的监控手段,通过线上网络学习及自测的方式,培养学生的自学能力;通过线下讲解讨论与交流总结,以润物细无声的方式引导启发学生的创新思维,注重培养学生采用科学的思维方式来观察和解决问题的能力;通过团队合作、动手实践等方式,增强学生的实践能力。

最后,通过文献查阅、撰写实验报告的方式,巩固学习效果。通过课程中显微摄影、微生物培养秀等竞赛项目和微生物专题兴趣小组活动等方式,激发和培养学生们热爱祖国、热爱生命科学专业的情操,培养学生在科研和生活中及时地发现"美"和"趣",培养他们终身学习的热情和能力,增强生命科学素养。

在多年的教学中,张霞对每一届学生都进行教学调查和效果反馈,教学实效得到了学生们一致好评。有同学在结课论文中写道:"张老师与学生之间有很多交流,而非仅仅传道那么简单,在漫长的实验过程中,张老师和我们的交流不仅仅是课程层面的,不只是讲授知识,而是个人化的一种影响。我很感动张老师能记住我们的名字,第一节课时候,老师就在问名,一个一个地问过去。台湾作家张晓风在《问名》中说:我只是一个问名者,命名者是伟大的开创家,正名者是忧世的挽澜人,而问名者只是一个与万物深深契情的人。老实说,在专业课的表现上,我不是一个优秀的学生,甚至是最差的几个,几乎没有老师记得我的名字,但是张老师记得。这给一个并不起眼的人莫大的感动与鼓励,让我无比怀念周四下午骑着单车赶往实验室的情景:从开始不认识路,记不得车停在哪里,到最后轻车熟路;从夏日午后汗湿的单衣,到深冬傍晚迎面的冷风。"还有同学写道:"张霞老师认真负责,细心指点我们每一个实验中出现的问题,并且极具教学热情,授课方式也非常独到,和同学们打成一片,她是我见过最可爱的老师,没有之一!"。"这门课程的课堂氛围也非常好,不同于理论课堂的冷冰冰,在这门课上,张霞老师不仅每次都考虑我们现有的实验和知识水平来人性化地设计实验,还通过各种方式提高我们的上课体验,寓教于乐,在课堂上也没有什么架子,和学生有很多有趣的互动,非常乐于回答我们的各种幼稚问题。"

热心教学服务　关注教学发展

张霞还担任生命科学技术学院教学发展分中心副主任工作,积极投入学院的教学服务工作,组织开展一系列教育教学为主题的活动。自 2016 年至今,与学校教学发展中心联合举办各类教学交流培训,邀请专家对学院教师进行教学技能和理念培训,积极举办各类教学经验交流学习等活动。例如邀请专家对学院教师进行"慕课"制作培训、微课评介与观摩、教学竞赛、教学改革项目申报、PPT 美化培训等活动。同时,张霞积极组织和推动实验教学中心所有实验课在"好大学在线"网站上线,为生命科学技术学院教学事业更上一层楼贡献力量。

2020 年伊始,一场突如其来的疫情席卷了祖国大地,学院的理论课程迅速以网络线上教学的方式开展,全院五十多门课程的老师面临巨大的在线授课压力。对于不熟悉网络、不熟悉软件、不熟悉在线授课系统的一线教师来说,这个巨大的教学形式变化令人措手不及,落实到自己的课程到底该如何下手,让很多老师一筹莫展。而多年从事混合式教学的张霞对这些网络课程和软件技术都是驾轻就熟的,面对其他一线教师迫切需要帮助的情况,张霞主动申请参与学院的在线教学协助工作,主动帮助对网络技术不熟悉的老师做课程网站,推荐适合的软件技术,并教会大家熟练使用,在群里群外、线上线下积极为老师们答疑解惑,根据所选择的授课模式为一线老师设计具体可行的课程攻略:在课程开始前陪伴老师们一遍遍地预演,课程开始后承担了很多听课的任务,认真总结教师们在线教学中的优缺点,随时帮助老师们解决在线授课中遇到的技术问题等。例如,2020 年 2 月 18 日张霞为梁如冰老师设计了"微生物的世界"在线授课攻略,为学院老师建设网站等。

张霞热爱高等教育事业,具有强烈的事业心和责任感,坚持以德施教、以德育人。扎根一线,脚踏实地把教书育人工作做到细致处,呕心沥血,以混合式教学改革为着力点,探索创新教学体系。岗位虽平凡,热忱与日增,锐意改革,与时俱进,张霞是信息化时代的优秀教学者。

刘荣厚：生物质能源领域的探索者

【名师名片】

刘荣厚，上海交通大学2020年"教书育人奖"二等奖获得者。上海交通大学农业与生物学院资源与环境系长聘教授、二级教授、博导，农生学院生物质能工程研究中心主任，学科带头人。曾任国务院学位委员会学科评议组成员，现兼任教育部高等学校农业工程类专业教学指导委员会副主任委员（2013—2017，2018—2022）。2008年度美国康奈尔大学唐氏学者。一直从事生物质能源工程方面的教学及科研工作。兼任5个国家级学会理事，担任 Fuel Processing Technology（SCI，中科院二区）等3个SCI期刊、5个EI期刊编委等职务。

【名师名言】

■ 人需有远大理想，并不断努力，为实现理想而奋斗。对于老师和研究生而言，既要有近期目标，也要有长远目标，并且要切合实际。

■ 研究生指导教师与研究生是合作关系，只有双方共同努力、良好合作，才能取得更大的研究成果。

■ 对教师而言，最高兴的事是助力学生取得丰硕研究成果，将学生培养成国家和社会的有用之才。

在 2020 年教师节到来之际,上海交通大学长聘教授、二级教授刘荣厚获得了上海交通大学 2020 年"教书育人奖"二等奖。这是刘荣厚教授在上海交通大学教书育人的岗位上辛勤耕耘获得的荣誉。

"学高为师,身正为范",刘荣厚老师潜心教学科研 30 余年,追求卓越,甘当人梯,用匠心培养学生,用无私奉献的精神温暖着一代又一代的筑梦人,在推动学生"教育增值"上起到示范引领作用。

教学相长,指导本科生科研探索及教学

刘荣厚积极指导本科生科技创新及毕业设计。近三年来,他指导的本科生第十九期 IPP 项目"玉米秸秆与鸡粪连续式混合厌氧发酵产沼气性能的研究"于 2019 年升级为国家级项目,并于 2020 年通过验收。指导本科毕业设计已通过答辩 6 人,其中,1 名本科生以共同一作在能源与燃料领域著名期刊 *Bioresource Technology*(《生物资源技术》)上发表 SCI 论文 1 篇(中科院一区),获交大农生学院优异学士学位论文。

刘荣厚潜心教学第一线,勇挑教学重担。主讲"可再生能源工程"全英文研究生课程、"生物质能工程"(全英文)及"可再生能源"本科生课程,并参与讲授"清洁能源导论""可持续发展与可持续能源系统"全英文本科生课程等。在教学中集理论教学、实践教学于一体,时刻注重把可再生能源方面的最新研究进展展现给学生,培养学生获取知识的能力。刘荣厚重视教材建设,主编出版教材 3 部,包括:《新能源工程》(全国高等农业院校教材)、《可再生能源工程》(普通高等教育"十二五"规划教材)、《生物质能工程》(高等学校教材),其中,《生物质能工程》教材于 2013 年获上海交通大学第十四届优秀教材二等奖;副主编教材 1 部。

甘当人梯,用匠心培养学生

1. 精准施策,全面提升研究生培养质量

刘荣厚把培养学生作为人生第一追求目标。针对研究生的不同学术背景,

制定切实可行的培养计划,全面提升研究生培养质量。培养研究生 80 余人,培养的研究生已成为高校、科研院所、企事业等单位的骨干。近三年来,指导的 4 名博士毕业生,均在高校继续从事科学研究,其中,3 名博士生到清华大学、浙江大学做博士后,1 名博士生到高校任教;培养的 4 名硕士毕业生,1 名到澳大利亚攻读博士学位,3 名在上海工作。

2. 勤于探索,助力学生取得丰硕研究成果

刘荣厚自 1984 年以来,一直从事生物质能源工程方面的研究工作,是生物质能源工程领域的开拓者之一。主要从事生物质热裂解制取生物油技术,农业废弃物厌氧消化制取沼气技术,甜高粱茎秆汁液及其残渣制取燃料乙醇技术,生物炭技术,农业生物质特性分析,综合能源系统等方面的研究。主持及参加科研课题 30 余项,包括主持国家自然科学基金面上项目,"十二五"国家科技支撑计划课题,国家"863"计划项目,"十二五"农村领域国家科技计划子课题,国家公益性行业(农业)科研专项课题,国家重点研发计划子课题,欧盟项目子课题等,取得了一系列创新性研究成果。获省级科技进步奖一等奖 1 项、三等奖 2 项。

刘荣厚特别注重在科研工作中培养学生的创新能力,分析问题及解决问题的能力,以及与人良好合作的品格,使研究生在学习期间取得丰硕研究成果。在承担欧盟 ECOFUEL 等项目中选派 10 余名研究生赴英国、芬兰、美国、加拿大、泰国等开展合作研究及学术交流,开阔了学生的视野。他对每一位学生的投稿论文都认真、详细地修改,有的论文修改十余遍,体现出严谨、一丝不苟的精神。近三年来,刘荣厚指导的研究生以第一作者的身份发表影响因了 10 分以上的 SCI 论文 3 篇(其中,1 篇为高被引论文),增强了研究生的自信心。

3. 锐意进取,努力提高学生科技创新能力

刘荣厚曾被农业农村部聘为全国农村能源综合建设专家,入选省级百千万人才工程百人层次计划,先后获得第七届中国农学会青年科技奖,省级优秀青年骨干教师,省级农村能源综合建设先进工作者,上海交通大学 2011—2012 年"三育人"先进个人等荣誉。刘荣厚注重产学研相结合,鼓励学生积极参与科技创新,努力提高学生科技创新能力。近三年来,指导由上海交通大学多学科交叉的博士生、硕士生、本科生组成的团队参加竞赛,获得由教育部等组织的第四届中国"互联网+"大学生创新创业大赛国赛铜奖,刘荣厚获得优秀创新创业导师(第1名,2018年)称号;获得由上海市教育委员会等组织的第四届中国"互联网+"大学生创新创业大赛上海赛区上海市银奖,刘荣厚获优秀指导教师(第1名,2018年)称号;指导学生完成的"移动式农作物秸秆制取生物油和生物炭装置"项目获得由 TECO Technology Foundation 组织的 2018 Green Tech 国际赛菱光科技奖,刘荣厚为竞赛团队指导教师(第1名,2018年)。

4. 言传身教,用匠心培养学生

刘荣厚不仅在学术上高屋建瓴,在指导研究生方面,他也认真负责,并充分发挥研究生的潜力;在研究生培养的各个环节都与学生共同探讨,不厌其烦地认真指导、把关。近三年来,刘荣厚培养的研究生获上海市优秀毕业生(1人,2017年)、上海交通大学优秀毕业生(2人,2018、2020年)、上海交通大学优秀留学生毕业生(1人,2019年);2名博士生分别于 2017 和 2019 年获得国家奖学金;指导的博士生获凯原励志奖学金、陶哲甫奖学金、赵朱木兰奖学金等;1名博士生被评为上海交通大学三好学生(2017年);指导的3名博士生分别获交大农生学院首届研究生学术论坛论文汇报一等奖(2017年)、"第十三届全国研究生生物质能研讨会暨 2019 生物质能专委会学术年会"优秀墙报一等奖(2019年)、中国沼气学会学术年会优秀论文三等奖(2019年)。

持之以恒,为生物质能源发展贡献力量

刘荣厚曾兼任国务院学位委员会第五届学科评议组成员,现兼任教育部高等学校农业工程类专业教学指导委员会副主任委员(2013—2017,2018—2022)。兼任5个国家级学会理事,包括:中国沼气学会理事,中国可再生能源学会理事(2004—2017,中国可再生能源学会生物质能专委会常务委员 2004 至今),中国生物质能技术开发中心理事,中国农业工程学会理事,中国农业机械学会理事;兼任生物质能源产业技术创新战略联盟理事,农业农村部农业废弃物能源化利用重点实验室学术委员会委员(2012—2015),生物质转化教育部工程研究中心技术委员会委员等;担当3个 SCI 期刊编委:*Fuel Processing Technology*(SCI,中

科院二区），*International Journal of Agricultural and Biological Engineering*（SCI），*Frontiers in Energy Research*（SCI）；5个EI期刊编委：*International Journal of Global Energy Issues*（英文EI），*International Journal of Alternative Propulsion*（英文EI），《太阳能学报》（中文EI），《农业工程学报》（中文EI），《农业机械学报》（中文EI）等职务，为生物质能源的发展贡献力量。

刘荣厚1984年毕业于沈阳农业大学，获学士学位。同年留校任教，先后获硕士、博士学位，一直从事生物质能源工程方面的教学、科研与培训工作。历任沈阳农业大学工程学院能源环境工程系主任、工程学院副院长，农业农村部东北地区农村能源技术培训中心主任、农业农村部沼气产品及设备监督检验测试中心东北工作站站长、辽宁省可再生能源学会副理事长、辽宁省农业工程学会副理事长等职务。通过人才引进调入上海交通大学。1995年赴日本筑波国际研修中心研修9个月，1997年至1999年在中国科学技术大学动力工程及工程热物理学科做博士后研究，2000年晋升为教授，2000年至2001年赴英国阿斯顿大学生物质能研究室合作研究1年，2002年赴日本广岛大学做客座教授3个月，2007年赴瑞士洛桑联邦理工学院合作研究3个月，2008年度美国康奈尔大学—唐氏基金获得者（资助二年），2014年赴英国南安普顿大学及英国阿斯顿大学合作研究3个月，2015年赴芬兰阿尔托大学合作研究3个月。多次赴美国、英国、瑞士、日本、荷兰、法国、丹麦、芬兰、意大利、德国、希腊、巴西、加拿大、新加坡、韩国、泰国、澳大利亚、保加利亚等国进行学术交流，对促进生物质能源学科的发展起到积极的作用。主编著作及教材9部，发表期刊论文200余篇，其中，在能源与燃料领域著名期刊：*Progress in Energy and Combustion Science*，*Renewable and Sustainable Energy Reviews*，*Bioresource Technology*，*Fuel*，*Fuel Processing Technology*，*Biomass and Bioenergy*，*Energy & Fuels*，*Renewable Energy*等发表SCI收录论文100余篇，发表EI收录论文50余篇，发表中文核心期刊论文50余篇，H指数（Scopus）33，以第一发明人获中国国家发明专利授权25项，提高了交大生物质能源学科在国内外生物质能源领域的影响力。

傅磊：潜心、匠心、正心育人

【名师名片】

傅磊，上海交通大学 2020 年"教书育人奖"二等奖获得者。上海交通大学药学院教授。复旦大学毕业，美国斯坦福大学理学博士学位。曾任上海交通大学药学院副院长。*Bio-Organic Chemistry* 期刊和中国医药工业杂志英文版 *Pharmaceutical Fronts* 期刊的副主编，上海市药学会药物化学委员会委员、中国医药生物技术协会生物医药信息分会副主任委员、中国非公立医疗机构协会物联网医疗专业委员会常务委员等。曾获上海交通大学优秀教师三等奖、上海交通大学外事先进工作者、上海交通大学药学院院长特别奖、上海交通大学教学成果特等奖和上海市教学成果奖二等奖等荣誉。

【名师名言】

用爱心、耐心和细心陪伴每一位学生的求学历程，以身作则，和学生们一起求学，在学习中思辨，在实践中求真。

传道授业,精益求精,十年如一日

善之本在教,教之本在师。大学生是未来实现中华民族伟大复兴中国梦的主力军,如何把这支主力军打造成中华民族"梦之队",关键在于"育人"。自2006年入职上海交通大学药学院以来,傅磊始终坚守育人初心,履行着教书育人的神圣职责。从本科生到硕博士研究生课堂,再到留学生课堂,都能看到傅磊的身影。在三尺讲台上,他用独特的人格魅力和精湛的教学技艺,影响着身边的同学,培育出了一批又一批优秀的学生。

十年如一日,傅磊老师深入教研一线,坚持以学生为中心,为学生传道授业解惑。在课堂上主讲硕、博研究生双语课程"药物化学原理"、博士生英语课程Comprehensive Pharmacy(综合药学)、新生研讨课"药学、化学山海经"、本科生生农药化环平台第一课等;参讲博士生课程"科学表达实践"、本科生课程"药学前沿"等。

傅磊注重教学理念与方法的创新,于2009年在全校开设了一门妙趣横生、寓教于乐的新生研讨课——"药学、化学《山海经》"。这门课以"管理生命的智慧"为主线,与来自不同院系的大一新生共同探索生命的奥秘。傅磊在介绍药学、化学、医学领域最新成果以及社会、人文和经济学问题的同时,要求学生从生活中寻找与"生命"相关的现象。譬如,为什么女性寿命比男性长,氧气进入身体后发生了什么变化,体内的自由基到底有什么用,血液中有哪些化学物质,可乐为什么在冰镇后更甜等各种话题,引导学生从不同的角度进行科学观察和思考,对科学产生兴趣并建立良好的科学思维方法,树立浓厚的学术志趣,把学生从"追求标准答案"的应试学习转变成"寻找合理答案"的科学探究。傅磊通俗易懂、深入浅出的授课,让一年级新生真正体会到"学在交大",也为学校双一流人才培养奠定坚实的基础。从2011年学校实施教学评教以来,这门课的评教结果年年名列学院、学校前茅,2019年蝉联学科大类220门课程评教第一。

傅磊传承与时俱进、开拓创新的时代精神,他常说浩瀚如宇宙般的药学世界需要更丰富和无边界的探索思想与尝试。为了保证课程内容的"新鲜",他担任国内外权威学术刊物的主编、编委和评审，如 *Bio-Organic Chemistry*、《中国医药工业杂志》、*Pharmaceutical Fronts*、*EJMC*、*BMC*、*JACS*、*Accounts of Chemical Research* 和 *PNAS* 等，始终保持自己的眼界学识处在药学、化学的科学前沿。除此之外，他还精心构建科研平台，发挥药物化学学科综合优势，开展天然药物筛选方法建立及活性小分子发现、药物设计合成及生产工艺研究与化学分子对线粒体活性调控研究等课题方向，目前已发表学术论文 70 余篇。

文化育人，以行求知，知行合一处

世界各民族文化互鉴共进是人类文明发展的重要动力，是国家间交流融合的重要桥梁，它超越现实，横跨时空边界与文化差异。2013 年起，傅磊主持开设了"中医中药中国文化"暑期学校项目，每年都有 30 多位海内外优秀研究生参加。通过著名专家的讲座，学员的药学实践、药学畅想与交流和实地考察等活动，让学生在实践中学习，以知促行，以行求知，了解药学研究最前沿的成果，促进学生间的国际交流乃至科研上的合作。实践课程弘扬中医药文化，强化中医药对外交流合作，激励学生对中国文化的深入了解；同时推进中医药科技创新，提升药学学科的国际影响力。暑期学校自 2013 年开设以来每年都获得学院和学校的大力支持和资助，曾获得上海市教学成果二等奖。

基于暑期学校的经验，通过规划与建设，傅磊优化整合了课程资源，成功创建了线上线下混合式教学模式，至今已有五大洲几十万人次选修"中医药与中华传统文化"慕课课程。线上学习中医理论，线下的暑期学校也吸引了来自 10 多个国家 20 多所高校的 200 多位不同文化专业背景的学生参加，零距离感受中医药文化。该慕课的成功让暑期学校的育人功能进一步凸显，也让暑期学校这张深化改革、协同育人的名片更加熠熠生辉。

言传身教，学以致用，援非建药典

傅磊认为一个未来对国家、对人类有贡献的人，起码应当是一个有担当、肯奉献的人。在两次考察非洲之后,他提出要帮助非洲创建历史上第一部《非洲药典》,为非洲医疗卫生健康工作及发展制定药物质量金标准。在上海交通大学全球挑战计划的支持下,从2019年起,他身先士卒,每年带领交大学生远赴非洲埃塞俄比亚开展创建《非洲药典》的教学实践。在非洲,他们不仅付出经验和智慧,奉献宝贵的时间,同时还要面对疾病和人身安全的威胁。纵使挑战重重,他们仍然远征非洲,和亚的斯亚贝巴大学非洲药物创新发展与治疗卓越中心(CDT-Africa)的学者们一起克服了几乎没有实验设备的困难。在有限的驻非时间里他们不仅自己动手"组装"实验器材日夜看守,还要颠簸驱车1个小时借用其他机构的实验设备。目前,他们完成了《非洲药典》的创建目标:非洲常用植物药和疾病调研;多种埃塞俄比亚植物的成分鉴定和标准制定;《非洲药典》通用模板建立;推动、指导亚的斯亚贝巴大学CDT-Africa《非洲药典》实验室的筹建,使《非洲药典》在非洲有持续开展的可能和条件。

在上海交通大学校和药学院的大力支持与肯定下,该项目得到了外交部非洲司、世界银行的关注,并获得了外交部"中非联合研究计划"的2年资助。《非洲药典》项目是一个教学实践项目,更是一个"育人"项目,她培养了交大学子的全球胜任能力、人类健康责任以及遇到困难的创新、实践和解决问题的能力;以探索和解决人类社会经济发展面临的共性问题为目标,培养青年学子"人类命运共同体"的责任意识和家国担当,鼓励学生拓展全球视野,融入多元文化。

梦想从学习开始,事业从实践起步。傅磊在入职交大的十几年中,坚持以学生为本、教学为先、学术为要、学风为基,以仁爱之心教书育人、以大爱精神立德树人,爱岗爱生,无私奉献,学为人师,行为世范,是一位有理想信念、有道德情操、有扎实学识、有仁爱之心的优秀教师。

唐宗明：教育是我毕生热爱与追求的事业

【名师名片】

唐宗明，上海交通大学 2020 年"教书育人奖"二等奖获得者。安泰经济与管理学院金融系教师，1996 年西南财经大学硕士毕业加入安泰，2002 年获得上海交通大学管理学博士，同年晋升为副教授。主要讲授金融学专业的专业核心课程"金融学原理"和"公司金融学"。主持完成了 2 项国家自然基金课题和 3 项上海市哲学社会科学基金课题。获得上海市重点课程立项 2 项，获教育部产学研课程建设资助。近年来，还获得最受欢迎的教师奖、唐立新教学名师奖、优秀教师奖、上海市教学成果一等奖等。

【名师名言】

■ 学习是一个从理论到实践，从实践到理论的多次反复的过程。在学习中知行合一，持之以恒，方能到达新的起点。

■ 学习的最终目标是要站在伟人的肩膀上形成自己的思维框架。

■ 对学生是否有帮助是检验我工作的重要标准，如果我能对我的学生有帮助，那将是我最大的荣幸和快乐！

以赛育人，爱国荣校

以赛育人，是唐宗明多年教学实践经历的一块结晶。一次偶然的机会，她开始指导学生参加了美国注册金融分析师协会全球投资分析挑战赛，并代表上海赛区前往美国芝加哥比赛，这次比赛为唐宗明贴上了日后多年的"参赛指导老师"这一标签。比赛要求参赛团队在一个半月的时间里分析完成上市公司的投资价值并用英文撰写投资分析报告和进行路演。虽然比赛难度高，时间紧，但作为学院这项赛事的学术指导老师，唐宗明认为这是一项能够与学生共同完成的有趣挑战。通过逐层选拔，她组建了一支5人队伍。在一个半月里，唐宗明带领安泰参赛队伍通过查阅分析公司年报、招股说明书、券商的分析报告等，将公司的业务模式、行业竞争优势以及财务特征、价值水平和投资风险等进行了透彻的分析。虽然是第一次参赛，但她带领的队伍在上海赛区获得报告和演讲的双料冠军，并代表上海赛区参加了当年在美国芝加哥的晋级竞赛。参赛的经历让唐宗明和学生们在高强度的训练中深深地体验到了团队合作与一丝不苟的专业精神。从参赛时的上海交通大学安泰队的身份，到上海交通大学队，再到中国上海交通大学队这些角色的转变，唐宗明强烈地感受到了自己身上肩负的责任。获奖的荣誉感和芝加哥之行非常真切地让她与学生体验了一次什么是全力以赴，什么是爱国荣校。在国际的大舞台上，同学们也从来自世界其他国家的同学身上看到了自己的优劣，明确了努力方向。

在这次比赛后，唐宗明强烈地感受到比赛在立德树人、教书育人中的重要性。此后每年她都坚持带队参加CFA全球投资分析挑战赛。截至2020年，唐宗明带领学院同学共参与了五次CFA全球投资分析挑战赛，其中四次获得上海赛区的冠军，三次代表上海赛区赴芝加哥、曼谷和悉尼参加国际竞争。在比赛中，同学们都有优异的表现，同学们的专业水平、表达能力、团队合作能力、国际视野方面都受益良多，与此同时，唐宗明和学生在国际赛事中也真切地感受到集体荣誉感和国家的使命感。赛事育人成为唐宗明在教学中一个重要的环节。

后来，唐宗明又指导学生参加了"成都80"国际比赛，让交大学子有机会与其他参赛队伍如美国伯克利大学、美国乔治亚理工、新加坡国立大学、香港中文大学、北京大学、清华大学等著名高校代表队同台竞争;她还指导学生参加工银全国大学生金融创意大赛。同学们都取得很好的成绩,更重要的是,参赛检验了同学们掌握知识和运用知识的能力,加深了同学们爱国荣校的感受,也增强了同学们的自信。

随着指导参赛经历的日益增加,唐宗明发觉参与校外的比赛,学院组建队伍有人数限制,难以更广泛地提高全院学生的实践能力。在与系主任商量后,他们共同发起创办了"安泰杯投资分析挑战赛",这样一来,只要安泰的本科生愿意接受挑战,都能够有机会加入其中。唐宗明邀请证券金融行业的业界嘉宾担任评委,她也依然作为指导教师辅导参赛小组。至今比赛已经举办四届,受益的学生超过60人。

潜心教学,实践指导理论发展

唐宗明教授金融专业的两门专业核心课程,也是两门课程的责任教授。教学工作,容不得半点马虎。所以,对所教的知识点,唐宗明坚持"不知道就是不知道",可以坦率地告诉学生,但又给自己立下必须课后抓紧时间搞懂不知道的问题的规矩。她要求自己对教学内容的认知可以由浅入深,但绝不能不懂装懂。这是学术态度的问题。即便认识不够深入,但是只要在正确的路上,唐宗明坚信随着时间的投入,匹配得当的方法,问题一定是可以搞懂弄透的。所以,在唐宗明准备一堂课时,会同时参考同一个内容的不同的参考书,以确保自己的理解没有偏误。

教学工作十分讲究积累,每次上完课,唐宗明都要总结新的发现,并作为下一次上课的起点。这样教学内容就越来越丰富。唐宗明还在教学中深刻体会到教学内容必须和实践相结合。理论要指导实践,这是检验理论学习和掌握程度的一个量具。考试得高分,那是了解知识。如果能够运用所学解决实际问题,那是掌握知识。当然能够运用知识还不够,大学区别于职业学校,一个很重要的特点是大学是发展理论、完善理论的智库,所以,从实践中发现理论的不足,发展和完善理论也是大学教育的重要内容。如果真的要做到理论指导实践,实践促进理论发展,教师其实需要与社会联系,这样教师本身的认知才会更全面;其次,教师加强与社会的联系,才能为学生提供从学校到社会的一些支持。

近年来,唐宗明有意识地去建立和维持学校与社会之间的连接,通过邀请校友或成功人士到学校开设讲座,让同学们对实践中的发展有所了解;通过实习基地的建立让同学们体验工作的感受,从而让他们学习的目标更明确;学习更有方向和动力。在指导学生毕业论文和PRP、大创项目时,有意从实际部门寻求研究课题,让同学们尝试将理论用于实践,解决实际问题,发现理论的不足。多年与同学们相处的经历,让她更加熟悉和了解同学们的特点。在教学生涯的几十年里,唐宗明一直坚持注重实践指导理论发展。

让学生很自信地走向社会

在教学过程中,有许多同学私下询问唐宗明专业方向选择、未来职业发展方面的建议,在交流中,她发现同学们在职业发展方面很困惑和迷茫。唐宗明的侄女在美国范德堡大学学教育专业,唐宗明曾问她,在美国四年的本科学习中,你最大的收获是什么?侄女的回答让唐宗明印象深刻——最大的收获是学校让自己能很自信地走向社会。这一句简单的回答引起了唐宗明的深思,我们的教育教学是否在四年之后可以让同学们有这样一份自信呢?让学生在四年后有这样的自信,学校教师要怎样做才可以实现呢?在和侄女深入交谈后,唐宗明发现四年大学教育提供给他们的不仅仅是专业知识上的教导,还有课外与导师的一次次交流、实践。她强烈地感觉到,可以在这方面发挥一点自己的作用,通过教学活动设计,帮助同学们尝试更多技能的训练,让同学不仅仅是掌握抽象的理论知识,还能够运用理论去分析、解决实际问题。

因此,唐宗明重新梳理所教授的两门专业课程,自问每门课哪些是学生需要掌握的,哪些技能是这门课可以为学生提供的,在课堂教学中,能够用真实案例讲解的尽量用真实案例,把现实中决策的复杂环境展现在学生面前,引导学生去思考,去抽丝剥茧,一点点接近解决问题的方案。每一门课都设计一个项目研究作业,结合真实公司的决策问题进行探讨并展示,虽然一开始同学们觉得很有难度,但通过团队一起合作完成,最后的结果往往都超出预期。团队作业还需要展示,这样又训练了学生专业表达和交流的能力。在学校练就的专业自信,其实对同学们的职业发展规划和自信是有好处的。

几年前,安泰学院推出了本科生志愿导师制,主要面向没有导师的本科生,给他们提供一些学业和就业方面的指导。唐宗明积极报名参加,前后指导了三十几名本科生,她感到如果志愿导师常常和同学交流,是可以切实帮助到那些在学业、职业发展方面很困惑的学生,尤其是性格外向和主动学习的同学会受益良多。2020年刚开学时,唐宗明的一个本科生发微信跟她说,"老师你最近有时间吗?我很焦虑,想跟你聊一下"。唐宗明马上和学生约第二天见面聊。后来得知,该同学其实今年暑假已获得学术研究生夏令营录取资格,本人很喜欢做学术研究,但想去国外读博,所以是直接去读博士还是先在国内读学术硕士,她十分纠结,理不出头绪。唐宗明耐心与她分析了当前疫情的形势,以及安泰学硕的项目优势和该项目的一些国际交换资源后,学生心定地做出了自己的决定。

时间如白驹过隙,转眼间唐宗明在交大工作已24年。随着时间的流逝,她对教学的那份热爱也更加浓郁。还有不到十年唐宗明就要退休了,在讲台上的时间进入倒计时,这种感觉几乎天天提醒着她,也让她更加珍惜上讲台的机会、珍惜与同学相处的机会。教育是唐宗明毕生热爱与追求的事业,"如果我能对我的学生有帮助,那将是我最大的荣幸和快乐!"

彭诚信：创新教学，全面育人

【名师名片】

　　彭诚信，上海交通大学2020年"教书育人奖"二等奖获得者。上海交通大学凯原法学院教授、博士生导师，民商法学科带头人，副院长。中国法学会民法学研究会常务理事。牛津大学法律系、伦敦政治经济学院法律系、哈佛大学法学院研究学者，日本北海道大学大学院法学研究科任教，加州大学伯克利分校法学院、中国台湾"中央研究院"法律所研究所高级访问学者。国家社科基金重大项目"大数据时代个人数据保护与数据权利体系研究"（18ZDA145）首席专家。其著作《现代权利理论研究》（法律出版社2017年版）入选《国家哲学社会科学成果文库》，并在《中国法学》《法学研究》等核心期刊上发表论文70余篇。论著曾获"中国高校人文社会科学研究优秀论文成果奖三等奖""全国法学教材与科研成果奖二等奖"、上海市"哲学社会科学优秀成果奖一等奖"等奖项。

【名师名言】

　　■ 老师的成就感就是在未来的某一天听到学生的好消息、看到学生对社会作出贡献，那是做老师最幸福的时刻。

　　■ 做学问在终极意义上就是做人。我们应始终追求良善的基本社会价值，保持法律人应有的权利感、正义感与法感。

　　■ 凯原法学院要培养的不仅是基础扎实的法律工作者，更要培育"思想引领者"和"规则制定者"。

毕业多年后,不少学生回校向彭诚信问候时,总会提起他在民法课堂上激情地传授法律基础知识和法律思维方法,以及作为法律人应有的权利感和正义感。此时他总会笑着表示,自己当年可能比较严格,学生毕业后能理解老师的良苦用心,他感到由衷的开心,"作为老师最幸福的时刻就是听到你们的好消息。"学生们"好消息"的频传离不开彭诚信在教学、科研和公共服务方面的言传身教。

师者初心,二十六年坚守教学一线,探索教学创新

彭诚信从教二十六年来,始终坚守在课堂教学一线教书育人。在交大工作以来,他为本科生、研究生等开设课程 10 门之多,历年课时量平均为 176.24 课时,最高为 230 课时,稳居法学院前列。课程的质量更是得到了肯定,教师评分和课程评分平均分超过 90 分,最高评分为 96.47。他开设的通识课"生活中的民法"在教师评分和课程评分排名曾获全院第一、全校前 1.9% 的优异评价。他的教学得到学生、学院和学校的认可,数次获得凯原法学院"最受学生欢迎教师"称号。

教学成绩优异的背后是彭诚信对教学方法创新的不断探索。他积极推行"学科交叉"教学模式,精心设计跨专业、跨学院的课程。他在法学院参与开创了"民事实体法与程序法综合应用""合同法与侵权法"等"学科交叉"课程,采用不同学科教师在课堂合作讲授的新颖授课模式。他还跨学院积极参与机械与动力工程学院的"学术写作、规范与伦理"课程,横跨"工科—法科"的授课方式与创新理念在不同学科思维碰撞的过程中激发了学生对交叉学科知识的求知欲望,拓展了同学们的学术视野,提升了学生的综合素养和利用多学科思维方式解决实际问题的能力。"学科交叉"教学模式使学生多有受益,并在上海乃至全国反响积极,"民事实体法与程序法综合应用"课程被列入上海交大"双一流"研究生重点课程,"民法总论"课程获上海市本科重点课程建设立项。

彭诚信对教学创新的热忱不仅止于常规课堂教学上。为了满足学生对学习的进阶渴求,针对硕士生、博士生和博士后的不同培养特点,他开设了独特的第二课堂。自 2001 年担任硕士生导师起,他牺牲自己的休息时间,开启"民法小

课",组织学生精读经典、原典文献和案例讨论;从 2005 年作为博士生导师起,他为提升博士生、博士后的学术研究能力,组织了"博士沙龙"。"民法小课"和"博士沙龙"十年来也一直在交大持续,"博士沙龙"近 3 年便诞生了二十余篇发表于《中国法学》《法学研究》《法学家》《法商研究》等权威期刊的精品论文,走出了上海交大、中山大学、山东大学等"双一流"高校优秀青年教师。"博士沙龙"吸引了来自复旦大学、华东政法大学等高校博士生、博士后和青年教师的慕名参与。随着彭诚信的学生遍布全国多所高校任教,"彭门小课"也在吉林大学、四川大学、东南大学、上海大学等多所高校继续播撒读书种子,启迪法学智慧。

教研融通,教学激发科研新灵感,
科研为教学提供前沿学术给养

彭诚信教授经常强调,教学相长从来都不是一句空话,科研者亲历教学有助于积累新素材,发现新问题,完善其学术知识谱系;将科研成果融入教学中能够保障学生获得与时俱进的法学知识和理念。为此,彭诚信建立了教材—译著—论文—项目的"四维一用"教学资源体系。

彭诚信兼顾学术理论与实践案例、融汇法学专业与通识教育,寻找法学前沿和传统教学的交汇,出版系列教材和前沿译著。他针对法科学生先后主编了《民法总论》《物权法》《继承法》《民法案例百选》等多部学术性教材,针对选修通识课程的各学科学生出版了通俗易懂、趣味横生的专门通识教材《生活中的民法》和《民法典与日常生活》,后者刚出版就入选中国图书评论学会的"2020年 7 月中国好书榜单"。此外,他主编的"独角兽法律精品·人工智能"系列译丛,已成为我国人工智能与数据领域具有显著影响力的法律丛书。上述成果也融入教学内容,给予学生前沿学术知识,激励学生探求真知、追求理论创新。

彭诚信以"坚守基础理论研究,聚焦中国问题,乐于追求新知"的学术理念和作品闻名上海乃至全国民法学界,其重要学术成果的发表和重大科研项目的攻克,既来源于教学中的灵感,又反哺教学,从而为学生展示了未来理论发展的图景。他近年来发表与出版多篇(部)重要论著,如《现代权利理论研究》(入选

2017年国家社科文库，获上海市2018年哲学社会科学优秀成果奖一等奖)、《论禁止权利滥用原则的法律适用》(《中国法学》，2018年)、《现代监护理念下监护与行为能力关系的重构》(《法学研究》，2019年)等，为课堂教学提供新的知识供给。他作为首席专家主持的国家社科基金重大课题"大数据时代个人数据保护与数据权利体系研究"，与中国龙头数据企业腾讯、拼多多等上市公司合作，并牵头于2019年设立上海交大凯原法学院数据法律研究中心，开展大数据与人工智能法律研究，为学生了解数据、人工智能产业发展、学习一流前沿交叉学科知识搭建了高层次平台。

投身公益，用实践素材延展教学，身教胜于言传

彭诚信教授的学生或其论著的读者，都会为其纯粹的法治信仰所感染，被其深切的现实关怀所感动。他不仅诉诸笔端，而且砥砺践行，致力于社会公共服务事业，重视学术研究与教书育人的公益效应。

彭诚信将自身参与《民法典》立法和各级司法服务活动的实践素材融入教学，实现理论与实践充分融合。他于2016年作为华东地区六省一市唯一学者代表，应邀参加时任中共中央政治局委员、全国人大常委会副委员长李建国同志在沪主持召开的"民法总则草案上海座谈会"；于2019年12月作为京外唯一的民法学者代表受邀参加全国人大常委会法制工作委员会有关"民法典(草案)合宪性、涉宪性问题"的讨论会。他也经常受邀参与国内各地(尤其是上海)法院、检察院等疑难案件的研讨，还作为仲裁员仲裁案件，在我国"首例代孕案""北京远程融资租赁诈骗案"等多个代表性案件中做出实际贡献。他将立法和司法中遇到的现实疑难问题融入教学，增强了学生的实践参与感和对法治现状的关照。

彭诚信还身体力行，与学生一道投身于社会实践。他指导学生完成社会实践项目"西海固地区生态移民实效及其土地确权问题研究"，深入宁夏固原、银川等地实地调研，提升学生将所学知识转化为服务社会的意识与能力。该项目团队荣获2018年上海交通大学暑期社会实践特等奖和上海市大学生社会实践项目大赛决赛一等奖，形成了《宁夏生态移民背景下精准扶贫问题政策建议报

告》等资政报告,在国情社情观察中贡献了交大学生的智慧。

育人全面,事业卓越与心灵崇高并重,师生共荣共长

"做学问和做事业之前先学做人。"彭诚信将学生的全面发展作为育人宗旨,要求学生"高起点、厚基础",在求"第一等的学问、事业"的同时,更勉励学生"砥砺第一等品行"。

彭诚信教授在教学、科研和公共服务方面的表率,使得他的学生们耳濡目染,最终也在各自领域中发挥才干、发扬美德。年轻的毕业生在他的激励和指导下,前往芝加哥大学、加州大学伯克利分校、西北大学、康奈尔大学、伦敦大学等世界一流学府深造;在年长的毕业生中,已有上海交大、南京大学、东南大学、中山大学、吉林大学、四川大学、上海大学等"双一流"高校的学术骨干与院系领导,也有腾讯集团副总裁、地方法院院长、检察长等实务精英。更让他骄傲的是其中一名学生,在重庆市公安系统任职期间,成功营救轻生女孩,其事迹曾数次被包括央视在内的媒体报道。"没有什么比拯救生命更值得让老师自豪的了",每当有人向彭教授问起他的学生情况时,他一定会提起这位"最美警察"。

对于未来的学生培养,彭诚信期待有更多的学生投身于学术前沿和公共服务。在该理念的驱动下,他倡议设立"院长英才奖",和其他学院领导一起发动社会资源引资 120 万元。该奖项设立两年来,已授予数名成功申请哈佛大学、牛津大学等世界名校攻读博士学位以及进入全国人大、中纪委、司法部、最高院等中央机关与司法机关工作的同学。"希望我们交大法学院能培育出更多的思想引领者和规则制定者。"带着这样的愿景,彭诚信将继续在教书育人的事业中奉献自己。

丁晓萍：因为热爱，所以选择

【名师名片】

丁晓萍，上海交通大学 2020 年"教书育人奖"二等奖获得者。上海交通大学人文学院副教授。北京大学毕业，1998 年 1 月进入上海交通大学人文学院任教至今。现为上海交通大学人文学院副院长、国家大学生文化素质教育基地副主任。

【名师名言】

■ 因为热爱，所以选择。

■ 用智慧的光芒为学生照亮求知的道路，以真诚的爱陪伴学生的成长。

■ 以形式多样的文化素质教育实践活动，营造校园文化氛围，以中华优秀传统文化滋养学生的心灵，陶冶学生的道德情操。

正如 2005 年丁晓萍参加上海市"青年教师师德演讲比赛"的题目"因为热爱,所以选择"所呈现的,她选择教师职业是源于对教育事业和对学生的爱。从教 26 年、在交大工作 22 年,春夏秋冬、日升月落、分秒无悔。正是因为这份热爱,丁晓萍无论做一个普通教师还是一个教学管理者都能够满怀热情,全心投入,尽心尽责坚持"教书育人、立德树人"。

敬畏讲台,辛勤耕耘的教育者

三尺讲台,闪烁着神圣的光辉,丁晓萍始终对之怀有一种敬畏之心。在交大工作的二十余年间,丁晓萍一直在教学一线,先后开设课程二十余门,种类丰富繁多。只要站上讲台,丁晓萍的神情中便添了一分使命感。她在讲台上挥洒自如,多年的学术积累春风化雨般一点一滴浇灌在学生心头。更重要的是,她始终坚持知识传授、能力培养、素养提升和价值引领的育人目标,根据课程性质和学生背景,设计教学目标和教学方法,做到因材施教。在专业教学之外,丁晓萍主持建设两门通识核心课程"大学语文"和"胡适与中西文化",其中"大学语文"为上海市重点课程。丁晓萍还同时负责留学生、研究生公共课程"中国文化概论"建设,近年来不断针对留学生特点,完善了以三大板块六个专题为核心的课程内容,探索以"体验式"教学为主的教学方法,尝试线上线下结合的方式,提高教学效果,让留学生探索中华语言文学的奥妙之路更为高效、生动。

教学之余,丁晓萍还注重教学研究工作,先后主持教育部本科教学质量与教学改革工程 1 项、上海市语委教学研究项目 1 项,主持并参与校级教研教改项目 4 项,目前主持上海市高校课程思政领航计划重点改革领航学院建设项目以及校级课程思政教改项目"以经典阅读为中心的《大学语文》课程思政教学改革"。

丁晓萍在教学上的辛勤付出与积极探索,赢得了丰硕的教学成果,先后获得教育部、上海市以及校级各类教学奖项 10 余项,近三年获得市级、校级教学成果奖 3 项。这些奖项,证明了丁晓萍在教学工作中的付出。她在课堂中的严要求与高标准和殚精竭虑的探索与实践,默默为学生带来了更好的课堂体验与更高效的知识获取方式。因此,在学生的印象中,总是着一身雅致旗袍的丁老师不只有笑语盈盈,更多的是目光如炬,闪烁着对岗位的尊敬与坚守,流露出对学生的希冀与期待。

潜心育人,学生成长的陪伴者

丁晓萍对学生的真诚付出,赢得了学生的爱戴,她是很多学生眼里亲切的"丁姐姐"。2012年在学院的学生大会上,她被学生推为首届"学生工作特殊贡献奖"。2015年的学院学生大会上,她又被学生推为"最受学生欢迎教师奖",学生们对她的敬意与爱意浓缩在授奖词中:"无论是一袭韵致的旗袍还是一件优雅的风衣,您总是散发着人文学院老师特有的气质。博雅塔、未名湖养成了您的品格,而在思源湖、人文楼您尽情挥洒着人生。传授学问,您永远孜孜不倦、力求完美;关心学生,您一直尽职尽责、奉献真情;联络活动,您总是热情满满、细致周全。您的笑容像是盛开的幽兰,清香中带着几分从容,热烈中带着些许平静。人文学院,承载着您的梦想,也承载着所有师生的梦想,期待着您能让这个梦想更加绚丽。"

丁晓萍曾说,自己对教师这个职业的认识来自其成长道路上遇到的一个个老师,选择教师这个职业也是被这些老师的学术精神和人格魅力所感召,所以她也希望自己能像她的老师们那样,用智慧的光芒为学生照亮求知的道路,以真诚的爱陪伴学生的成长。任教以来,丁晓萍真心对待身边的每一个学生,处处为学生着想,热心帮助学生解决学习、生活、思想上遇到的问题。她对学生严慈并济,爱而不宠,严而不苛,既注重学生的专业学习,培养他们独立思考、分析问题、解决问题的能力;也注重学生健全人格的养成,引导他们建立正确的人生观和价值观,最好的例子便是她指导的硕士生王奕夏成为人文学院第一个"校长奖"的获得者。

作为本科生导师,丁晓萍指导的王伊薇和余子靖分别获得2013年和2018年本科优异论文(TOP1%),其中余子靖同学为临床医学专业转到中文系学习的学生,从面试开始,丁晓萍就一直关注其成长,余子靖同学不负所望,毕业后顺利进入哥伦比亚大学电影研究专业深造。

作为研究生导师,丁晓萍自掏腰包,坚持每两周一次午餐会,与同学们交流学术,了解他们的学习和生活情况。除了丁晓萍自己的学生,只要选择她课程的学生,也会享受到尽心尽力的"论文评点服务"与充满爱意的零食餐点;丁晓萍根据每个学生的特点帮助他们寻找研究兴趣点,选择论文方向,学生每一稿论文都经过她多次反复的细致修改;另外她还尽己所能,主动为学生的升学、就业提供帮助。难怪毕业多年的学生仍会动情地回忆:"丁晓萍老师在寒冷平安夜的深夜 12 点,仍不辞辛劳地为我修改论文。"

无私奉献,锐意进取的管理者

坚持在教学一线的同时,丁晓萍也是一位管理者。她自 2014 年担任人文学院教学副院长,一直致力于通过制度建设,完善教学管理、激励教学改革与研究、提高教学质量、提升人才培养质量。作为管理者,她有大局观念,有奉献精神,有团队意识,不计较个人得失,锐意进取,不断开拓。

首先,完善人文学院教学激励机制,激发教师改进教学、进行教学研究与改革、教材建设的积极性,建立学院教学研究与改革、在线课程建设、教材建设及教材出版资助立项制度。

其次,完善教学质量保障体系,建立学院教学督导制度,实施学院课程质量评估制度,建立教学发展中心人文分中心,举办教师教学技能培训。

再次,着力于青年教师培养,建立青年教师带教制度,组织学院青年教师教学竞赛。学院连续四年获得校青年教师教学竞赛人文组第一名,学院教师连续三届代表学校参加上海市青年教师教学竞赛,均获佳绩。

此外,多种举措提升人才培养质量。制定学院研究生培养规定、研究生培养手册,规范研究生培养流程,提高研究生培养质量;实行学生学术创新能力培养计划,通过举办研究生青年人文思想学术论坛、学术沙龙,实施研究生学术奖励制度,提高研究生学术能力和科研产出,效果明显,近三年研究生发表了 5 篇 A、B 类论文。中文系本科生实施四年全程导师制,举办中文学子读书报告会,培养本科生的专业兴趣、激发本科生的学术热情,并建立导师制与"大创"的联动机制,近三年本科生发表学术论文十余篇,2019年学院荣获校"大创优秀组织奖"。

最后,推进通识核心课程和留学生公共课程建设。完成人文类通识核心课程模块顶层设计,积极推进通识核心优质课程建设。人文学院有3门课程入选校通识核心优质课程,占全校三分之一;完成本科留学生中国语言与文化类公共课程改革方案,完成研究生留学生"中国文化概论"中、英文教学团队建设。

在管理岗位上,丁晓萍重视的是顶层设计。她希望通过合理高效的制度体系,使得老师们对待学生如对待学术一般认真严谨,使得同学们真正学有所获,而不是争选"水课",虚度光阴。在丁晓萍不懈坚持的制度建设与改革管理下,学生学术成果颇丰,教师团队更加兢兢业业、不断自我革新,为培养人才奠定了重要的基础。

春风化雨,素质教育的践行者

丁晓萍的导师温儒敏教授曾这样评价中文系:"中文系魅力何在？在传统深厚,在思想活跃,在学风纯正,更在于其办学理念:不搞急功近利的职业培训,而是力图让学生学会寻找最适合自己的人生之路,打下厚实的基础,使整体素质包括人格精神都有健全的发展。"丁晓萍在传承导师思想的同时将"使学生整体素质发展的想法"付诸实践。

丁晓萍自1999年始就投身于大学生文化素质教育,2009年以来一直是国家大学生文化素质教育基地实际主持者,以国家大学生文化素质教育基地为平台,组织"'文治杯'大学生文学作品大奖赛""大学人文节暨国际文化周""交大学子人文演讲""九歌杯人文知识竞赛""'仓颉杯'汉字识用大赛",与团委、图书馆等合作,开展校园阅读推广系列活动等,在活跃校园文化、提高校园文化品位、提高学生人文素养方面为学校的人才培养做出了特殊贡献,并以富有交大特色的校园文化建设在全国产生较大影响,曾获得2008年教育部思政司"高校优秀校园文化建设一等奖",2011、2013年校校园文化建设优秀项目,2011年上海市校园文化优秀项目提名奖,"国际文化周""学子人文演讲"获2016年中国高等教育学会大学素质教育研究会组织评选的"大学素质教育优秀品牌活动"铜牌。学子演讲团多次获得国际及全国各类演讲类比赛大奖,其指导的学生首次代表交大参加国家外交部主办、外交学院承办的第六届全国高校模拟新闻发言人大赛即获银奖。

扎实的文字功底、健全的人格建设、人文情怀和人本精神的熏陶,加上丁老师强调并重视的综合能力的培养,使得人文学院的学生在投入工作的时候依然在感慨人文学院"在我们价值观形成的关键阶段,让我们拥有了走好一生道路的能力和积淀"。丁晓萍坚持举办的各种文化素质教育活动在滋养本院学生的同时也惠及了其他各院学生,学生们既能积累自身专业知识,又能获得更为深入的文化体验,更重要的是得到了课本无法给予的能力锻炼。

"天地交泰,人文化成",以形式多样的文化素质教育实践活动,营造校园文化氛围;以中华优秀传统文化滋养学生的心灵,陶冶学生的道德情操,培养学生的文化自觉与文化自信。以文化人,以文育人,丁晓萍多年来的实践,体现了她作为一位人文教师的坚守与担当。

蔡军：要播撒阳光到别人心中，就要自己心中有阳光

【名师名片】

蔡军，上海交通大学 2020 年"教书育人奖"二等奖获得者。上海交通大学设计学院建筑学系教授、博士生导师。日本名古屋工业大学博士、博士后，日本学术振兴会（JSPS）特别研究员。连续 15 年担任中、日、韩三国联合主办 Journal of Asian Architecture and Building Engineering（SCI、A&HCI）编委，主持 6 个教改项目、31 个大型科研项目（如国家自然科学基金、日本学术振兴会项目、第三届亚洲冬季运动会综合体育馆等）、100 余篇学术论文、3 部专著、27 个奖项。曾当选上海市妇女代表、徐汇区人大代表、少数民族联合会副会长等。

【名师名言】

■ 进行学术研究，要坐得住冷板凳、耐得住寂寞。研究如同慢火煲汤，精雕细琢，才能经得住检验。

■ 担当学生的导师，既是荣耀，更是责任。看到学生取得成绩，比自己获得成功还要高兴十倍。

■ 老师是叶，学生是花；叶子越绿，花儿才能更鲜艳。老师要和学生一起成长，才能跟得上时代的步伐。

2020 年教师节到来之际,蔡军获得了上海交通大学"教书育人奖"二等奖。蔡军是日本名古屋工业大学工学博士、日本学术振兴会(JSPS)特别研究员,2002 年被我校作为海外高端人才引进回国,至今一直坚持奋斗在教学科研第一线。她始终秉承的教书育人原则是:优秀的大学教师不仅要传授专业知识,传道、授业、解惑,还要育人,做学生健康成材的指导者、引路人。有教无类、因材施教;明德启智、求真创新;培养对中华民族振兴有用人才,是其一生追求的目标。她对专业的热爱、对事业的执着、对学生的仁爱、对工作的责任,这些学术品质和优良师风,潜移默化地感染着学生,激励着学生成长为有理想、有信念、有道德情操、有扎实学术、有仁爱之心的有用之才。

有教无类,因材施教

在教书育人的过程中,蔡军注意兼顾对不同层次学生的引导,通过不同手段点燃学生的学习热情。不论是面对热爱本专业的学生,还是学习上有些吃力、甚至想转专业的学生;不论是本国学生,还是留学生;不论是内地学生,还是偏远地区的学生,她都一视同仁,总是寻找最恰当的方式方法因材施教,及时解决他们学习生活中遇到的问题。课堂教学之外,她总是照顾在学习上有一定困难的学生,通过微信解答课堂上留存的问题,对于优秀学生则给出一些建议和启发,使其能做更多的思考,攀登新的高峰。结合建筑学专业教学特点,蔡军在为本科生开设的"建筑设计及其理论"课程"师傅带徒弟"般融洽的教学氛围中,和学生广交朋友、倾心交谈,学生都很愿意将自己的心里话、毕业后的打算及人生理想与之倾诉。蔡军经常结合自身的实践经验、留学经历,引导学生积极向上,巧妙解决课程学习与社会活动之间的矛盾,为走向社会奠定基础。在主讲课程"中国建筑史"的教学过程中,蔡军将课程思政巧妙引入。明德启智、求真创新,在传授专业知识的同时,结合该课程讲授特点,培养学生高度文化自觉和文化自信,弘扬中华文化,提升学生的爱国热情。

蔡军指导的研究生帕如克·阿里木是土生土长的新疆孩子,她专门为他制定了一套学习方案,开展了以"结合中国传统建筑与民族特色文化"的课题研究。由于课题选择恰当,帕如克在研究生阶段研究兴趣浓郁,积极开展调研和发表学术论文,在毕业答辩过程中得到评委的一致肯定,并建议推荐为校优秀硕士论文。在课程之余,帕如克连续三年带领学生团队走访新疆企事业单位20余家,接待132家民族地区企事业单位,对民族学生一对一就业引导200余次,2017年帕如克以优异的成绩获得上海交通大学优秀毕业生称号及辅导员标兵称号。毕业后,他毅然回到新疆,到最艰苦的基层去为家乡人民服务。直到今天,蔡军还与帕如克保持着紧密的联系,分享他在工作中取得成绩后的喜悦。

科研是教学根基,教学是科研灵魂

蔡军教授坚持将理论探索与工程实践相结合,取得业界公认的较高水平科研成果。已在 *International Journal of Architectural Heritage*(SCI、A&HCI)、《日本建筑学会计画系论文集》、《自然科学史研究》(CSSCI、交大文科A类)、《建筑学报》(CSSCI)、《建筑师》等学界顶级学术期刊及国际会议上发表论文近100篇,作为第一作者出版学术专著3部。主持多项国家级、省部级纵向课题,如国家自然科学基金、日本学术振兴会外国人研究员科研基金、日本文部省科研项目、教育部回国留学人员启动项目、上海市教委重点项目等。主持设计多项代表性实际工程,如第3届亚洲冬季运动会综合体育馆、山东省城际运动会体育馆、上海新场古镇修建性详细规划与古建保护利用概念设计、上海杜行老镇历史文化风貌区保护性规划与城市设计、丹东抗美援朝纪念馆扩初设计等。获得了第3届亚洲冬季运动会综合体育馆设计竞赛一等奖、全国"新江南水乡"公共建筑小品设计竞赛一等奖、金山国际文化建筑设计 WORKSHOP 竞赛指导教师二等奖等多项竞赛奖项。

蔡军坚信:科研是教学的根基,教学是科研的灵魂。她潜心教学,与时俱进,不断创新,在教学过程中,及时将学科前沿技术、研究方法巧妙导入。特别是将培养学生们自主学习精神,帮助他们掌握获取知识的方法,即将"授人以渔"作为教学主旨,培养学生针对具体问题提出相应的解决途径和办法的能力,使学生成为符合时代要求的创新人才。她主讲的本科生主干课程"中国建筑史"已有 16 载,首次提出"培养传统文化与国际视野相融创新人才"这一教学目标,坚持"三线式教学"的教学体系改革与实践,取得了可喜的成绩。先后获得上海交通大学教学改革立项(2010 年)、上海交通大学"985 工程"三期优质课程(2011年)、上海市教委重点课程(2011 年)、上海市精品课程(2013 年),上海交通大学教学成果奖二等奖(2017 年)、上海交通大学精品在线课程立项(2018 年)、上海交通大学教学成果奖一等奖(2019 年)。

坚持"四个统一",师生同结硕果

蔡军从自身做起,潜心钻研学术,提高教学能力。她更坚持教书与育人相统一、言传与身教相统一、潜心问道与关注社会相统一、学术自由与学术规范相统一。她连续 6 次获得上海交通大学年度教工考核优秀,4 次荣获上海交通大学优秀教师奖、2016 年获得上海交通大学优秀教师特等奖。此外,还曾当选为上海市徐汇区第十四次人民代表大会代表、上海市第十四次妇女代表大会代表、上海市徐汇区少数民族联合会副会长、上海市徐汇区华侨民族宗教事务工作委员会委员等社会兼职,获得上海市民族宗教系统世博工作先进个人称号。蔡军不仅注重传授知识,更注重学生的素质培养及能力提升。2005 年指导本科生在第四届全国建筑学专业大学生建筑设计作业观摩与评选中获评为优秀作业;2012年带领研究生参加釜山国际建筑设计工作坊竞赛获得二等奖及三等奖;在 2015年及 2017 年全国大学生建筑设计方案竞赛中,指导本科生获得优秀奖 3 项。她还积极组织本科生的 PRP 项目和大学生创新创业计划,曾获得上海交通大学第七届 PRP 项目优秀论文奖(2005 年)及上海大学生创新创业训练计划结项优秀(2018 年)。正如参加蔡军指导的第十四届大学生创新计划项目组组长邱宇所说:通过参加大创,提高了自主学习能力,培养了发现问题、解决问题的能力,拓宽了视野,突破了课程局限,做研究是对自己综合能力的提升。

蔡军是我校建筑学科第一位招收博士生的博导,实现了我校建筑学专业博士生"零"的突破。她坚持以德立身、以德立学、以德施教,在教书育人过程中更注重学生品格的培养。她亲自指导的研究生 2 人次获得国家奖学金,其中一位还获得了新西兰惠灵顿维多利亚大学博士全额奖学金，并圆满获得博士学位。2人次获得上海市普通高等学校优秀毕业生称号、2人次获得上海交通大学优秀毕业生称号、上海交通大学辅导员标兵称号、上海世博会上海市志愿者称号等多项荣誉。她教授过的学生有多名已成长为著名学府的教授、博导，大型设计集团担当重任的主力设计师，扎根新疆、带领少数民族群众科学致富的年轻干部。

李玉红：上善若水，爱生重教

【名师名片】

李玉红，上海交通大学 2020 年"教书育人奖"二等奖获得者。上海交通大学设计学院风景园林系副教授、硕士生导师，上海交通大学芳香植物研发中心副主任。日本东京农业大学造园学博士。中国风景园林学会女风景园林师分会委员、国家中文核心期刊《中国园林》审稿专家和特约编辑，日本造园学会会员等。曾获上海交通大学"唐立新教学名师奖"、上海交通大学十佳班主任、上海交通大学首届"凯原十佳教师"提名、第五届中国"互联网+"大学生创新创业大赛上海赛区银奖优秀指导教师等奖励。

【名师名言】

■ 大学是学生个人成长的重要时期，除了学习和掌握知识以外，还必须注重学生心灵的健康成长，这也是教师的重要职责。

■ 学生好比是老师的作品，我们每个老师都应该为创造出优秀作品而全力以赴。

■ 只要真心付出，用爱心、细心、耐心、责任心去对待学生，学生就会和你成为知己朋友，易于接受建议和指导，有助其健康成长。

　　她是日本东京农业大学首位获得造园学博士学位的中国学者,她是呼吸着校园里纯净空气的女教师,她是潜心教书,热心育人的知心朋友,她就是上海交通大学设计学院风景园林系副教授李玉红。在交大,许多学生都知道这样一位为人正直善良,倾心教书育人,又无时无刻不为学生着想的良师益友,也许是与自然中的"花花草草"交流多了,在她的眼里和心中,每一位学生都是她苗圃中精心培育的花朵。

思想上引领价值,培养学生家国情怀

　　李玉红性格善良、真诚,温柔如水;她待人谦虚、和蔼,嘴角永远挂着微笑;她视学生如亲人,关心爱护,润物无声,即使是再难交流的人,她都会寻找到通向心门的路。她总是像一个真正的朋友,重视和欣赏学生,倾听学生的想法,分享他们的感受。为帮助学生们树立远大理想,了解自己并明确奋斗目标,李玉红经常推荐优秀书籍、文章、专访等,和学生分享杰出人物的优秀案例,鼓励学生积极参加校内外励志讲坛、大师讲坛、学术演讲等活动,给学生多方面启发和借鉴。

　　李玉红结合本科生和硕士生教学,分析讲解风景园林作品特点的同时,也介绍创作者老一辈风景园林名家爱国奉献精神和敬业钻研事迹,帮助学生树立家国情怀。2020年4月申请学校教育研究项目"价值引领下提升学生综合能力培养的教学设计与实践"并获得立项,该研究将教学研究对象从研究"物(作品)"拓展到"人(作者)",不仅传授"物(专业知识和技能)",更注重了解和培养"人(人格品德和家国情怀)",也是交大四位一体人才培养目标的具体体现。因为再优秀的园林作品无法脱离"人",尤其是此人的"原风景",即作者的生长背景、成长环境、社会现状等,这些因素决定了作者的从业原因、专业高度,尤其是老一辈园林专家的爱国奉献精神、钻研敬业习惯以及努力成才之路仍然值得当今学子传承和学习,学生们反映深受感动和启发。

　　交大安泰经管学院2016级毕业生台湾籍林俊佑毕业后去美国留学就职,他在文章《在园林里树立人生价值》中写道:来美国西岸生活快五年了,我有时候仍然会回想,在交大时最快乐的时候是什么。出了社会、受了磨炼,对学生时期的得失已经不是那么在意,而烙印在心底的往往是与老师和同学们建立起的真挚情谊,以及乘着好奇心遨游无边知识的自由。李老师的通识课对我来说,正是两者的交集。在短短的一学期里,老师的课是我一窥园林世界的窗口,也让我深刻体会到忙碌、追逐之余,在人生这场漫长的马拉松里,生活的乐趣贵在别有洞天。课堂外,李老师仍时常拨冗举办活动、邀请嘉宾,欢迎各个学院的学生们恣意探索园林世界的人、事、物。老师除了分享新知,更让所有感兴趣的人,踏入园林这个有趣的圈子,并随时给予即将展翅高飞的莘莘学子暖心协助。李老师的亲切、从容和博爱,让我在踏出校门后,仍勇于探索世界,广结善缘,探索生活之美。愿每位交大人在奔波的同时,别忘了李老师引领我们见识的园林风景,并永保最初的半亩方塘。

李玉红深知,教育单靠老师显然是不够的,而是要靠各种力量的共同努力,因此,她经常联系教务处、学工办、任课教师、学生家长,力争取得各方面支持和沟通。例如在担任16级硕士班班主任期间组织主题班会和活动,这个班级的学生来自园林、食品、资源环境、动物科学、植物资源等不同专业,大家平时科研繁忙而难有交集,但是,通过李玉红的精心组织,学生们感受到了大家庭的温暖。农生院2016级农村与区域发展专业硕士毕业生李琳琳现在是山东省烟台市青年干部人才"菁英"计划,她回忆班主任李玉红时说道:"临近毕业之时,李老师为班级每位同学精心准备了一本书,每本书上都写下深情寄语。翻开《苏菲的世界》,扉页有这样一段话:'To 琳琳,带着微笑和爱去面对,人生就会充满活力和美。愿你更加美好而活力满满。李玉红 2018.3.13'。毕业后的我,工作中生活里每每迷惘浮躁之时,李老师的耐心开导,犹如一剂剂良药,总能让我重拾信心,更加坚定了我扎根基层、为人民服务的初心。"对于入校时间不长的18级园林本科班,李玉红组织他们收看国庆阅兵仪式、参加班级升旗仪式、组织团日活动、军训期间慰问等活动,由此增强了班级凝聚力,形成团结有爱、共同进步的优良班风。

专业上助力圆梦,拓展学生国际视野

作为一名学者,李玉红勤于治学、态度严谨,先后在国内外核心期刊和专业刊物上发表论文、译文、报告等各类文章五十余篇,参与国家科技支撑计划子课题"城镇绿地生态构建和管控关键技术研究与示范""瑞晟—上海交大芳香植物产业科技示范工程"、江苏省建设系统科技指导项目"中国无锡近代园林研究"等科研项目并出版专著。李玉红也身兼中文核心期刊、中国科技核心期刊《中国园林》审稿专家和特约编辑、中国风景园林学会女风景园林师分会委员、日本造园学会会员等职。

李玉红开设的全校通识核心课"与风景的对话——中外园林艺术欣赏"荣获学校通识教育贡献一等奖,评教成绩平均在 90 分以上。学生们开始重新认识身边的自然美,更加关爱环境。学生在课程结束甚至毕业之后仍然与李玉红保持联系,学生留言道:"您课堂里的优雅和温柔是治愈系的。现在我明白了,只要热爱生活,细心观察生活,就不难发现身边处处有园林,处处有风景。"

学生们充满求知欲的目光是她最为珍惜的财富。闵行校区光明体育场附近"日上江村"太阳能小屋的主创作者——机动学院学生潘多昭曾经选修过李玉红的通识课,多次与李老师探讨拟参赛作品的植物品种选择和配置等问题。他所在的学生团队在 15 天之内建造了一座太阳能房屋,完全实现了智能化,最终荣获"中国国际太阳能十项全能大赛能量平衡第一名和市场适应性第五名"和"第三届上海交通大学可口可乐环保杰出贡献奖铜奖"等。

被哈佛大学材料方向应用物理专业全奖博士录取的首届致远工科荣誉计划 2018 届毕业生王子昭在作业里写道:"这门课是我大学四年来收获最大的选修课之一,李老师渊博的学识带领我们学习园林的各个重要领域,并旁征博引,让我们对中外园林都有所认知。来自五湖四海同学的分享让我们领略了祖国大好河山和各地优美的风景;去植物园和南苏园的春游更是让我们将课堂所学与生活实际相结合。"

李玉红承担的风景园林专业硕士必修课"风景园林前沿讲座"还吸引了校外人士前来听讲,因为李玉红总会邀请一流设计师或学者、管理者从不同角度分享。例如嘉宾之一的中国(上海)自由贸易区管委会张江管理局副局长张丁发博士一直协助上海交通大学张江科学园和李政道研究所的规划建设工作,他的讲座《新常态下上海土地资源高效利用策略与实践》使学生们对于上海 2035 总规中规划建设用地总规模负增长的理念深受启发,他们在城市形成与发展的本质、收缩城市的现象、新时代国土空间规划、生态文明建设等方面展开了热烈而颇具深度的微信交流,一直持续到翌日凌晨。

李玉红平时对待学生耐心细致,循循善诱。曾经有一名西藏学生阿旺金巴由于性格内向等原因丧失学习动力甚至自暴自弃,面对没有老师愿意指导其毕业论文的情况,李玉红接收并热情鼓励他,有时陪同他翻阅资料到深夜,直至完成当天计划。最终这位对前途几乎绝望的学生顺利毕业并考取了家乡公务员。

为帮助学生们及时记录成长点滴,也便于学生家长了解孩子在校情况,李玉红特意组织 18 级园林本科班学生开设微信公众号"竖向工作室",受到家长和师生好评。尤其是学生们从 2020 年春季学期开始学习专业课程后,学生结合专业课程"园林树木学""花卉学""色彩知识",及时发布专业性十足的微信内容,既巩固了学生们的专业知识和学习效果,也提高了他们的学习兴趣。

国际化是交大办学的重要指导方针,也是帮助学生们开阔视野的极佳途径。2010 年世界风景园林专业最高学术组织——国际风景园林师联合会 IFLA 在苏州举办世界大会,她利用休息时间接送了 20 余位世界各国风景园林学会会长往来苏州和上海,其间还组织部分专家来到交大交流。2015 年 8 月,李玉红与学校发展联络处共同策划实施了"与风景的对话——探寻中日园林之美:2015 中日大学生园林文化联合研修项目",来自东京大学、早稻田大学、东京农业大学、兵库县立大学、上海交通大学的中日两国大学生 18 人参加了为期两周的中国和日本主要城市的授课、考察、交流活动。

全身心投入,把社会、学校、学生、家长组合成一个整体,形成教育合力,助力每一个学生的成长成才。留学法国获得硕士学位回国就职于瑞安房地产公司的 2004 级园林毕业生杜欣回忆道:"李老师牵线了行业国际专家交流分享,这是我们园林系同学第一次直接和世界级景观设计大师面对面交流,为我们打开了新的视野。"

获得荷兰代尔夫特大学硕士学位的 2011 级园林专业毕业生陈乐阳说:"李老师善于发现学生身上闪光点,她曾经对我说,'你是一个很有天赋的设计师,千万不要浪费自己的才华。'这句话直到现在,依然鼓舞着我坚持在设计岗位上。"

获得新加坡南洋理工大学硕士学位的 2010 级园林毕业生陆琦写道:"大三那年,我参加了李老师组织的稻田纯一先生关于新加坡园林的讲座,为我之后前往新加坡南洋理工大学继续深造提供了契机。毕业后初到东京工作,多亏李老师的暖心造访,让我在这座陌生的城市,多了一些安心。"

2010 届电子科学与技术专业本科生余辰杰现任职全球最大汽车半导体公司的英飞凌科技(中国)有限公司任市场经理,他感慨一次"校车偶遇"圆了一生梦想。余辰杰与李玉红因同坐校车而相识,李玉红得知他德国留学愿望后热心鼓励并带他参加德国驻沪总领事馆新年晚会等相关活动。余辰杰德国留学后回到上海找到心仪工作。结婚生子之时,他特意拜托李老师给孩子起名,以示敬重之情。

2012 级生命学院生物工程专业本科毕业生李京睿也是因为李玉红的介绍得知了农生学院和美国康奈尔大学"2+2 联合培养项目",她早早立下目标要通过努力获得双学位。之后她获得美国杜克大学硕士学位,现在辉瑞公司美国波士顿分部从事疫苗研发工作。她回忆说:"如果没有李老师,大一的我也许会换一个专业,无法接触到生物领域的奥秘;大二的我也许不会尝试申请交换项目,学习前沿的生物知识。"

李玉红鼓励学生注重各方面知识的积累,与不同专业的同学交流沟通。她指导的学生积极参加各类竞赛并获奖,如 2019 年 4 月苏荣菲等获得美国大学生数学建模竞赛二等奖,2019 年 9 月蒋兰德龙等获得全国大学生数学建模竞赛三等奖,2019 年 11 月雷伟奇等获得第一届上海市大学生生命科学竞赛三等奖。

生活上无微不至,为学生保驾护航

李玉红对学生的关心无微不至,对于突然面临困境的学生更是全力相助。2017 年 2 月,李玉红得知一位学生的父母意外遭遇车祸双亡,便特意来到学生家乡与学生见面。她热心关爱学生的行为感动了自己的中学同学,同学立刻资助 1 万元给学生。4 月,李玉红东京的朋友蒋寿杭女士得知后立刻资助这位学生和另外一名贫困学生直至毕业。7月,李玉红促成上海高尔夫爱心联盟来访学院,他们得知有20%左右贫困学生后当场决定,增加设立助学专项基金全面资助30万元,资助人数扩至32人次。她的台湾好友吴育贤女士也是2014年起主动资助品学兼优的贫困学生,目前捐助已达30余人次90万余元。

当李玉红得知一位学生身体不适疑似恶性肿瘤,她迅速联系上海瑞金医院专家,亲自陪同学生前往就诊。医院门诊大厅排队等候电梯人群连绵不断,她立刻爬楼梯到12楼专家门诊按时就诊,得知需要手术之后又立刻帮助落实床位住院,最终得以在三周之内顺利就诊、住院、手术,术后身体恢复顺利,彻底消除了学生和家长的担忧焦虑。平时得知学生受伤或生病,李玉红总是第一时间赶到,带着学生去数家医院检查,有时还陪护至深夜。

服务社会,身先士卒,支援抗疫一线

2010年,举世瞩目的世博盛会在上海举办。李玉红借调于上海世博会事务协调局绿地公园片区部任高级主管。她认真履行岗位职责,同时兼顾着学校教学工作。李玉红的细致周到,给来访者留下深刻印象。加拿大蒙特利尔市副市长海伦女士深感满意。李玉红在接待时发现海伦女士对中国民族服饰情有独钟,便带海伦女士来到几家老字号旗袍专卖店等。海伦女士回国后逢人便夸:"我到访过无数国家和城市,只有上海的接待让我感觉最温暖、最开心。"李玉红荣获上海世博园区运行保障立功竞赛"月度冠军""上海世博交通保障先锋"先进个人,民盟上海市委"世博工作先进个人"等荣誉称号。在世博工作同时,李玉红指导的两名学生的毕业论文获得上海市风景园林学会论文评比三等奖。

2019年7月,李玉红带领交大"西香计"社会实践团14名学生前往宁夏固原市开展为期一周的暑期社会实践,重走红军长征路,调研当地植物资源,走访希望小学和贫困家庭。该项目获2019年第五届中国"互联网+"大学生创新创业大赛上海赛区银奖等6种奖项,李玉红获优秀指导教师。李玉红走访红庄小学时,得知品学兼优的三年级女生杨娇经常性头痛五年多却查不出原因很是心疼,于是打算安排她来上海检查,后得到民盟交大支持。8月初连续数日,她冒着酷暑带着杨娇父女多次前往嘉定的瑞金医院北院检查,并带着他们到交大校区参观钱学森图书馆、校史档案馆等。

2019年正值中国风景园林学会成立30周年,中国风景园林年会在上海举办,与会者达2 100余名,李玉红应邀担任主旨报告嘉宾日本福井县立大学校长进士五十八校长演讲翻译的同时,有条不紊地组织了交大学生志愿者百余名招募和服务,受到主办单位和与会者高度好评。

李玉红还和所在团队上海交通大学芳香植物研发中心同事带领交大学生前往上海市普陀区长征中心小学,定期给小学生们举行芳香植物知识系列讲座,激发了小学生们对科学知识的兴趣和对大学生活的向往。

疫情期间李玉红得知武汉封城信息后,立刻联系武汉和襄阳的学生,及时发送专业视频课程并给予指导,第一时间把学校通知还有自己的关怀发给学生们,并特意为湖北籍学生和家长送上慰问礼物。武汉疫情暴发后,国内口罩缺货,她和留日学友迅速筹集钱款,从日本买了6 000个口罩寄给了上海新华医院赴武汉医疗队的队员,此举作为上海三所高校之一突出事迹被民盟上海市委予以报道。

李玉红对学生的爱护和关心,绝不仅仅体现在作为学生那短短几年,毕业生也能时时刻刻体会到来自她的关怀。毕业生说:"在这个物欲横流、纷纷扰扰的时代,她远离俗世纷争,坚守着教师的德行和专注。她的无欲无求、专心治学和无私育人,即使是我们这些迈入社会、不再年轻、世故圆滑的学生依然能延续对教师的崇敬和尊重,依然能对母校充满牵挂,在心中涌起拳拳相报之情。"在校生说:"李老师有着温润如玉的性格,渊博宽厚。她淡淡的微笑总会令人内心舒适,真诚的眼神总是让人无比信任,她举手投足间散发着东方女性的典雅,让人不禁产生亲切之感。李老师对学生来说亦师亦友,我们在有开心事时,会像朋友一样与她一起分享,在同学们陷入困境时,她总是以师长的身姿及时伸出援手。李老师是个值得尊敬的老师,值得交心的朋友,值得敬重的长者。"

姚武：用心施教，以爱育人

【名师名片】

姚武，上海交通大学 2020 年"教书育人奖"二等奖获得者。体育系拳操教研室主任，副教授；系统医学研究院运动转换医学慢病研究与运动康复中心兼职副教授；野外生存协会指导教师；校运会开幕式大型团体操总编导；中国营养学会与慢病分会、中国康复医学会体育保健康复专业委员委员，上海健康教育协会全民健身分会副主任，上海东方讲坛、上海社会指导员培训中心、上海社区体育配送服务科学健身大讲坛特聘讲师。曾荣获国家级在线精品课程、上海市教学成果奖二等奖、上海市学生社团优秀指导教师、宝钢优秀教师奖、烛光奖励计划一等奖等。

【名师名言】

■ 面对最好的学生，我一定要让他们享受最好的课堂体验。用心、用情上好每一堂课，爱护和帮助每一位学生。

■ 体育运动是把双刃剑，帮助学生掌握健康知识，学会科学健身方法。避免损伤，增进健康是我的责任。

■ 体育不仅是育体，更是育人，不仅要教会学生掌握技能、增强体质，更要引导学生发展兴趣、锤炼意志、守护健康身心。

姚武,一位面带甜美微笑,声音清脆柔和,跟学生亦师亦友,极具亲和力的老师。"用心施教,以爱育人"是她的座右铭,默默奉献在教书育人岗位上,她常说"我爱讲台,我爱学生,我无比珍爱教师这份神圣的职业"。

任教的三十多年里,姚武始终以高度的责任心和使命感坚持在体育教学、群体和科研第一线,先后荣获国家级在线精品课程、上海市教学成果奖二等奖、上海市精品课程、上海市学生社团优秀指导教师、宝钢优秀教师奖、首届烛光奖励计划一等奖、飞利浦优秀教学奖、华为优秀教师奖等。

在从教30年之际,姚武荣获了上海交通大学"教书育人奖"二等奖,这是对她三十年如一日辛勤耕耘在体育教学第一线的充分认可。

初心如磐,用奉献为教师作注

姚武成长于一个体育和教育世家,她的父亲是安徽师范大学资深体育教师,是新中国第一届全运会开幕式团体操及第一套广播体操的创编者,也是新中国第一代国际体操裁判长,在体育教育领域有着重要影响。她的母亲是国家预选送苏联集训的体操队员,但因在训练中意外受伤,终止了运动员生涯,虽被医生判为这辈子不能站起来,但她凭借毅力,站起来并做了一名教师。家庭的熏陶,父母的影响,使姚武从小就热爱体育运动,向往成为一名光荣的人民教师。她常说,"梦圆交大讲台,是我一生的荣幸,面对学生,我始终保持对教师职业的敬畏,努力上好每一堂课,爱护和帮助每一个学生,努力成为一名学生眼里的好老师。三十年如一日,姚武坚守初心,脚踏实地,为交大体育和学生发展倾心付出,无私奉献。

2002年7月,当全国高校掀起体育教育教学创新与改革新浪潮之际,姚武作为"十五"规划国家级课题"拓展高校体育课程,促进学生身心发展——高校中开展野外生存生活训练的实验研究"的团队成员,不仅参与课题的理论研究,更是身先士卒,主动担任指导教师,带领21名交大学生,参与充满风险与挑战的神农架原始森林穿越的户外活动实践研究。因长期运动训练带来的伤病,加之带队训练操劳过度,姚武的身体出现了预警状况,当时其他人担心环境恶劣,她的身体承受不了，不让她进入原始森林。但她深知，这项活动存在较高的风险，必须要有非常专业的知识和应对技能，她斩钉截铁地说，"学生在哪，我必须在哪"，于是每天带领学生爬山涉水。为保护学生她常常浸泡在冰冷刺骨的溪流里浑然不觉，衣服刚刚被体温焐干又被浸湿……最终，姚武带领学生圆满完成一项又一项的挑战任务，深受学生、家长的敬佩，在社会上也产生了良好的反响。姚武也因此特殊经历烙下了病根，经常忍受难以名状的痛苦，但她对自己的选择和坚持无怨无悔。当有家人朋友表示不解问她何苦时，她只笑着说，"我是孩子们的老师。"

潜心教学，探索创新，打造精品课程

秉持对教师职业的敬畏之心，坚守在教学第一线 31 年，姚武先后主讲健美操、踏板操、瑜伽、野外生存技能、生命安全与救援等多门课程。她的观念里，"交大都是最好的学生，我应该让他们享受最好的课堂体验，真正对他们有帮助。"在教学中，她不断思考探索，改进教学方法，丰富内容设计，潜心打造精品课程。她开设和主讲的"生命安全与救援——运动损伤防范与户外活动安全"获国家在线精品课程，"大学瑜伽""野外生存生活素质拓展训练"获上海市精品课程。同时她还担任国家级精品课程"大学体育"的主讲教师。

讲台虽小，天地却广。姚武认为，体育不仅是育体，更是育人，大学体育课程不仅要教会学生掌握技能、增强体质，更要引导学生发展兴趣、锤炼意志、守护健康身心。姚武结合自身运动生涯、教学经验和学生身心发展规律，不断拓展课程教学资源。针对部分大学生安全防范意识薄弱、自救与救护技能缺失、体育运动及户外活动频发安全事故的现实状况，姚武在原有"野外拓展训练技能与技巧"课程基础上，以体育学为基础，集行为学、医学、户外技能等相关学科知识为一体，从运动风险、户外安全、现场急救及突发事件处置等进行课程设计，她开设并主讲"生命安全与救援——运动损伤防范与户外活动安全"课程。这是 2010 年在全国高校率先开设的一门全新的体育课程，其目的是让学习者在参与体育运动及户外活动中，学会预防、降低和处置风险的技巧与技能。这门课程最初作为通识课,一经开课便备受学生和社会的关注,如使用线上课程的哈尔滨工业大学反映,"上海交通大学姚武副教授主讲的'生命安全与救援'在线开放课程自2015年引入我校以来,有2 000余人进行了选课学习,姚教授上课亲切自然,通俗易懂,没有深厚的理论功底和实践是很难达到的。学生普遍反映该课程教授的知识非常实用,会终身受益。"此课程2012年入选校南洋学堂首批公开网上视频课程;2014年完成MOOC课程制作,并在"好大学在线"平台上运行,先后被超星、COURSERA、喜马拉雅及EWANT收录为平台课程;2018年,获国家在线精品课程。目前运行该课程的学校达500多所,参与课程学习的学生达24万多人。

　　做好教学工作的同时,姚武还先后担任体育系研究生教研室主任、学生体质健康中心副主任、拳操教研室主任等职务。拳操教研室教师人数最多(22名)、教学任务最重(承担全校1/3体育教学工作量)、课程内容最丰富(8个教学小组)、各类兼职最多,在担任拳操教研室主任的7年里,姚武精心做好团队组织和教学管理,团结并带领教师,出色完成历年教学任务及其它各项工作。拳操教学团队先后荣获上海交通大学文明班组(2014年)、上海交通大学精神文明岗(2015年)、上海市巾帼文明岗(2016年)。

为校园体育文化发展增光添彩,作好学生社团活动护航人

　　每两年一届的校运会开幕式上精彩纷呈的学生大型团体操表演是交大人的独家记忆。这是姚老师为总编导并由她带领的教学团队以匠心精神和专业知识,利用课内和课外时间,不辞辛劳,悉心指导几百个普通的交大学生,用汗水与智慧铸就的震撼人心的壮美画卷。历届校运会开幕式学生大型团体操表演的策划、设计及排练,人数众多、场面宏大,时间紧、任务重,在广大师生一片惊叹和掌声的背后,是姚武和她的团队夜以继日的辛劳。嗓音嘶哑了,人累倒了,也不松懈不懈怠,坚持、坚持、再坚持,直至交出满意答卷。

　　在交大闵行校园中经常会看到一群背着大大登山包的年轻人,这些都是姚武指导的,多次荣获上海市优秀社团、校五星社团的野外生存协会的学生。自

2002年交大野外生存协会创建开始,姚武就担任指导教师,此协会已成为我校最大的体育社团之一,并先后荣获上海市优秀社团、交大十佳社团、交大"五星"社团等荣誉。野外生存学习锻炼具有较高的安全风险,作为指导教师,为帮助学生提升安全意识,顺利进行户外各项活动,姚武经常给学生举行户外技能、安全知识、医疗急救等培训与讲座。户外活动多在节假日,但她一直坚持在一线,用线上线下多种方式监察和指导学生,深受学生爱戴。当年协会骨干,现为我校巴黎高科和电院两院回国副教授李灏,回校就职时首先就拜访感谢姚老师。原来在法国留学期间,一次户外探险经历差一点让他遇险,在最危险的时候,他牢记姚老师传授的办法,终于从险境中走出……这样的故事很多,姚武也于2016年获上海市团委授予的社团优秀指导教师称号。

除了担任交大野外生存协会指导教师,姚武还是交大定向越野队、攀岩队主教练,带领学生参加全国、上海大学生户外运动、定向越野、攀岩等阳光联赛,在全国和上海大学生比赛中争金夺银。

身体力行,为健康中国贡献智慧

立足现实需求,开展科学研究。姚武积极参与体育教学教改项目、慢性病运动干预、社区运动健康促进、全民健身运动等多项科学研究,主持或参与自然科学基金、社会科学基金、教育部、国家体育总局、上海市教委、上海市体育局、教改项目等数十项课题;在各类期刊上发表近30篇论文;参与编写《大学体育与健康教程》《常见生活方式病运动处方》《科学锻炼保健康》《办公室人员健身手册》《科学休闲保健康》《攀岩运动教程》《身高的秘密》《运动处方》《上海市社会体育指导员培训教材》《活力十分钟——新编办公室工间操》等专著与教材。

用科学成果指导实践,惠及大众是姚武长期坚持做的事情。她多次应邀到电视台、企事业单位及学校等公众平台,进行公益健身健康讲座,组织并指导学生参与社会公益服务。作为红十字宣传员,她积极普及健康知识,暑假给社区中小学生开设"健康讲座",并与中国疾病预防中心合作做好运动健康干预宣传及普及。她还多年指导学生暑期社会活动，为山区孩子普及安全知识、给高中毕业班学生做"如何面对高考"公益讲座等。

姚武长期参与社区体育与健康服务等社会公益工作，获"上海市公益性社会体育指导员培训耕耘奖""上海市社区体育服务配送工作最具人气老师""上海市社区体育服务配送先进个人"等。

张何朋：做有趣的教学和有趣的科研

【名师名片】

张何朋，上海交通大学教授，上海交通大学2020年"教书育人奖"二等奖获得者，上海交通大学自然科学研究院副院长。长期致力于软物质系统中的实验和理论研究。2014年获得国家优秀青年科学基金的资助；2017年被评为教育部青年长江学者。自2010年入职上海交大以来，一直坚持为本科生讲授大学基础课程，并创办"实验和交叉物理"创新工作室，为本科生开展独立科研提供条件；已培养研究生十余名，多人获得"国家奖学金"和"上海市优秀毕业生"等荣誉。于2014年获上海交通大学烛光二等奖；2019年当选上海交通大学致远学院Fellow。

【名师名言】

■ 每次备课都是与前辈大师的精神交流，每次学生的疑问总能带来新的视角，教学相长，教学于我而言也是成长。

■ 基于科学家的视角领悟知识的广度和深度，基于科研成果的支撑拓展学术的基础和前沿，从被动学习到主动探究，科研于学生而言更是成长。

■ 矢志教学与潜心科研是我工作的两根主线；它们相辅相成，是培育人才、发现新知的不二法门。

　　如何吸引学生的学习兴趣？如何成为一名好的科研工作者？如何将教学和科研有效结合？自然科学研究院副院长张何朋有自己的见解，他认为要做有趣的教学，用故事和课堂实验提高学生学习兴趣，培养学生勇于尝试和敢于质疑的能力，不怕犯错，做有趣的科研。

　　十年来，张何朋秉承"做有趣的教学和有趣的科研"理念，以立德树人为目标，着眼于微生物集群运动这一物理学交叉研究中的新兴课题，不仅有多篇论文在 *Proceedings of the National Academy of Sciences* 和 *Physical Review Letters* 等顶级期刊发表，还让科研走出实验室，成为"有用"的科研成果；在学生培养上，他精心指导学生"做有趣的科研"，成为学生的良师益友。

改革培养方案，引领学生主动探究

　　自 2010 年以来，张何朋一直坚守在教学第一线，承担了致远学院本科生课程"连续介质力学"和"生物物理"，以及物理主干课程"热力学和统计物理"的教学任务。事实上，"连续介质力学"和"生物物理"这两门课程并不在交大现有的物理课程体系中，但对于物理方向的学生而言，这两门课程的学习有助于展开交叉学科研究。于是，张何朋从零开始，系统查阅大量教材和科研论文，整理和组织教学内容，编写全新的授课讲义，注重学生创新思维和创新能力的培养和训练，并且根据学生的反应调整课程内容。

　　在教学中，张何朋坚持兴趣导向，把知识点和科研背景、学科发展历史有机结合，把抽象概念变成一个个小故事，同时引入多个课堂实验帮助学生理解抽象概念，建立生动的物理图像，鼓励学生参与课堂实验的搭建和改进。他经常用爱因斯坦的话鼓励学生："Learn from yesterday, live for today, hope for tomorrow. The important thing is not to stop questioning."（借鉴昨天，活在今天，憧憬明天。关键在于不要停止提问。）在张何朋的引导下，多名学生前往世界一流大学继续深造。2010 级的学生黄金紫毕业后前往纽约大学柯朗研究所，2015 年荣获得菠萝科学奖数学奖。黄金紫在获奖之后曾说，"在张何朋老师的实验室里，我感受到科研的魅力，让我对科学研究充满兴趣。"

在课堂之外,张何朋还创办了"实验和交叉物理"创新工作室。学生可免费利用工作室提供的 3D 打印机、Arduino 开源控制板、显微成像等实验器材,针对自己感兴趣的课题开展独立科学研究。截至目前,创新工作室已经支持上海交大大学生 PRP10 项,国家级大学生创新计划项目 1 项,莙政计划项目 3 项和致远学者项目 1 项;30 余位本科生参加工作室工作,32 位同学在工作室完成本科毕业论文,大多数同学在毕业后前往国外知名高校(如芝加哥大学、纽约大学、西北大学等)深造。

注重言传身教,做学生的领路人和朋友

张何朋注重对研究生综合科研能力的培养和提升,让研究生参与科研工作的每一个步骤。他鼓励学生根据自己的科研兴趣提出问题,培养学生思辨和质疑的能力。在课题组的每周例会上,他请学生讨论自己的科研进展,提升他们敢于提问、敢于质疑的能力。在实验中,他努力培养学生解决问题的方法,鼓励同学们不怕犯错,勇于尝试新方法,通过失败的尝试一步步了解研究对象,挖掘问题的本质,最终找到解决方案。他还努力培养同学们的交流和沟通能力,鼓励他们在完成工作后通过论文和学术报告等形式将成果介绍给领域里的其他同事,共同推动科研的发展。

科研之外,张何朋对学生的思想和生活也倍加关注。张何朋经常与学生交流沟通,实时了解学生状态,及时为他们化解负面情绪,解决困难;在课题组营造严谨又不失轻松、相互信赖的氛围。在这样的科研氛围下,课题组结出累累硕果,连续在美国科学院院刊、物理评论快报等顶尖期刊上发表多篇论文,培养的研究生获得"上海交通大学三好学生""研究生国家奖学金"和"上海市优秀毕业生"等荣誉。

格物致知,基于科学家的视角发现有趣的问题

你可曾为鸟群所呈现出的"空中芭蕾"惊叹:成千上万只鸟高速而同步地飞

行,像云彩一样在空中幻化出各种形态。像鸟群这样长程有序的集群运动普遍存在于自然界的各种系统中,从宏观尺度的鱼群、鸟群到微观尺度的运动细胞。集群运动对这些生物群落中的疾病传播、迁徙等自然现象有重要影响;同时,理解集群运动的形成机制及影响也对若干工程应用问题有帮助,如研发无人系统的集群智能控制方法等。

张何朋针对这一有趣的现象,建立了运动微生物(如细菌、藻等)的实验模型系统,探寻集群运动的基本原理。相对于宏观尺度的系统,微生物易于在实验室条件下培养、控制和测量。张何朋在此类系统中获得了前所未有的大规模定量实验数据,他利用这些数据验证了集群运动形成的基本图像,阐明了若干集群运动的形成机理和调控方法,建立了相应的理论和数值模型,并将在集群机器人系统中进行实证研究,开发无人系统的新型控制方法。这只是张何朋研究的有趣科学问题之一。

张何朋几乎没有周末和节假日,除了行走在上课的路上,就是在去往办公室的路上。在繁忙的教学工作之外,他抓紧时间从事科研工作,在自己的科研领域里取得了丰硕的成果:2012 年获上海市浦江学者,2013 年获上海市东方学者,2014 年获国家自然科学基金委优秀青年基金、上海交通大学烛光奖二等奖,2017 年获教育部青年长江学者,2019 年获致远学院 Fellow。

遵循博学而笃志,切问而近思的科学精神,张何朋严以律己,孜孜以求,用心用爱诠释教书育人的神圣使命!

查琼芳：挟白衣以育人，抱医心而前行

【名师名片】

查琼芳，上海交通大学 2020 年"教书育人奖"二等奖获得者。上海交通大学医学院附属仁济医院呼吸科主治医师，呼吸科首席教学团队骨干教师、呼吸科住院医师规范化培训教学主任。长期担任临床五年制、八年制及预防专业理论课及 PBL 教学，切合临床实际因材施教。作为上海第一批援鄂医疗队队员出征金银潭医院，在繁忙的工作之余，坚持每天撰写日记，以抗疫一线医生的视角，记录大疫之下中国的举国之战，由上海交通大学出版社出版的《查医生援鄂日记》成为广受关注的医学人文教育读物。

【名师名言】

■ 教书育人，德为先；言传身教，行在前。

■ 学医要精、谨、静。

■ 我们要时刻秉承"仁术济世，恪尽职守"精神，诠释"健康所系，性命相托"的誓言真谛。

■ 因为热爱，所以坚持！

查琼芳，上海交通大学医学院附属仁济医院呼吸科主治医师，呼吸科首席教学团队骨干教师、呼吸科住院医师规范化培训基地教学主任。20多年来，她辛勤耕耘在临床教学工作一线，爱岗敬业、救死扶伤、以德立教、为人师表，始终以高昂的热情积极投入工作，用言传身教践行教书育人的使命。她的教学特色鲜明，注重教学的启发性和思辨性，以实际技能操作为重点，融合医学人文关怀。查琼芳治学严谨，高质量的教学工作获得了学生、同事和教学管理部门的一致肯定。

润物无声，深耕临床教学一线

查琼芳从医执教23载，对医学教学工作倾注了大量的精力和心血。长期以来，她担任临床医学五年制、八年制及预防医学五年制学生的专业理论课教学工作，从诊断学到内科学，从理论课到PBL教学，都浸润着她的心血和汗水。查琼芳注重授课内容的更新，及时跟踪与课程内容相关的新技术发展，将其吸纳到授课内容中。她承担医学生临床见习、实习的带教工作，在临床教学中，以实际技能操作为重点，坚持理论与实践相结合的临床思维方式，传授医患沟通的技巧，为医学生之后的医学职业生涯奠定扎实的基础。在教学查房、小讲课、病例讨论、实习操作中，她善于利用教学互动提升教学效果，不断完善教学方法，润物无声融入隐性思政教育，其"以病人为本"的服务理念潜移默化地影响着一批又一批学生。

除了专业知识的教学，她还担任医院每年的医学人文教学工作，引导和激发学生对于医学人文、对于生命、对于医学精神的思考。其参与的《基于临床教学规程的组导师制带教模式的研究》获2014年上海交大医学院医学教育研究成果奖一等奖。学生们都喜爱这位有"硬核"范儿又平易近人的"查查"老师，在担任医院呼吸科带教老师、教学主任、首席教学团队骨干教师期间，查琼芳先后荣获2013年度、2014年度、2018年度仁济"优秀带教老师"称号。

身先垂范，有效落实因材施教

自2010年起，上海在全国率先推行住院医师规范化培训制度，仁济医院是最早的培训基地单位之一,查琼芳成了最早一批的住培带教老师。尽管具备丰富的见习和实习带教工作经验,但住培工作任重而复杂,需要培养的是具有临床思维能力,能够独立诊治病人,具有科研和独立学习能力的临床人才。经过三年的住院医师规范化培训,住培医师必需合格完成理论和操作考试,成为一名独当一面的临床医生。查琼芳在做好大量住院医师规范化培训实质性基础工作的同时,不断汲取住培工作相关的新知识,努力提升自己的知识储备和业务水平,积极参加临床见习、实习医师的带教工作,在教学查房、小讲课、病例讨论、实习操作等各类教学实践中,不断更新讲课内容,希望把最新的知识传授给学生。

自 2017 年起,查琼芳担任呼吸科住培主任的工作,在基地主任和大内科主任的带领下,在科室带教老师的支持下,她带领团队通过小讲课、教学查房、病例讨论、PBL 等教学方式,突出讲课重点、切合临床实际,采用分层教学、分层出科考核的方法,对不同来源的住培医生因材施教,为各类住培教学任务交出了出色的答卷。此外,她每年承担住院医师考试的考官工作,对待各级考官培训她总是一丝不苟,持续参与完成上海市住院医师规范化培训督导专家培训、2019 年首期专业基地住培主任轮训学习班培训等。经历了九年多来住培制度的不断完善和成熟历程,查琼芳始终严格执行住院医师规范化培训政策,落实国家住培制度和培训细则,积极组织各类教学活动,做好呼吸科住院医师规范化培训的全程管理工作,为提升整个教学团队的教学能力作出了贡献。

最美逆行,言传身教医者仁心

面对 2020 年突如其来的新冠疫情,查琼芳肩负着义不容辞的职责和使命挺身而出,作为上海第一批援鄂医疗队队员于 1 月 24 日除夕夜随队出征金银潭医院。在紧张繁忙的工作之余,她每天发回一段日记,用日志的形式让大家了解前方医护人员的生活工作情况,更让大家看到了人世间最珍贵的礼物:爱和希望。日记记录着最早战"疫"者们的艰辛,记录着病魔的无情,也记录着生命的无私。她朴实的文字,感动了每一位关心疫情前线动态的人们,也提振了大家抗击疫情的信心。中新网、中国日报网、新民周刊、澎湃新闻、青年报、劳动观察等多家媒体对日记进行了转载。2020 年 4 月,由上海交通大学医学院附属仁济医院主编、上海交通大学出版社出版的《查医生援鄂日记》一书正式出版。该书一经出版就受到了广泛关注。这是国内第一部正式出版的援鄂医生亲历的抗疫日记,书中收录了查琼芳从 1 月 25 日至 3 月 31 日撰写的 67 篇日记,以抗疫一线医生的视角,记录大疫之下中国的举国之战。目前被翻译成多语种,向世界传递中国抗疫经验。正如中国科学院院士、上海交通大学医学院院长陈国强在这本书的序中所写的一句话:《查医生援鄂日记》既是一部很有价值的抗疫史料,也是一部难得的医学人文教育的读物,记录了医护人员以及所有中国人民在中国共产党的正确领导下,在面对灾难、面对危险时表现出来的义不容辞和善良勇敢,这种无私无畏的精神构筑起了巨大的中国力量。有了这种力量,就没有战胜不了的困难,就没有逾越不了的鸿沟。

　　因为热爱,所以坚持!查琼芳老师秉承"仁术济世,恪尽职守"精神,用自己的言传身教向医学生们诠释"健康所系,性命相托"的铮铮誓言,践行"立德树人"的初心使命。

蔡军：执着杏坛，乐于奉献

【名师名片】

蔡军，上海交通大学 2020 年"教书育人奖"二等奖获得者。上海交通大学医学院病理学系教师。上海第二医科大学（现上海交通大学医学院）临床医学本科毕业，上海交通大学医学院获医学博士学位。担任病理学系党支部书记，2016 年获得上海交通大学医学院优秀共产党员，2017 年获评上海交通大学基础医学院杰出员工，2020 年获得上海交通大学校长奖特别奖。

【名师名言】

■ 教育教学需要工匠精神，教师是工匠精神的践行者。

■ 潜心教学，默默耕耘，传播知识，让学生收获更多。

■ 医学教育是以医学知识为基础，培养合作能力与人文精神相结合的教学活动。

■ 作为未来医生的老师，不仅自己要有担当、有使命感，更要让医学生心怀使命、勇挑重担。

2020 年是个特殊的年份,年初新冠疫情突然暴发、蔓延,无数医务工作者逆行湖北抗疫,众多教师也迅速投入到线上教学中,蔡军老师是二者兼而有之,并为之付出大量心血。2020 年的教师节,他获得了上海交通大学"教书育人奖"二等奖,可谓是当之无愧。

蔡军是病理学系的一名教师,在教育教学岗位上已工作 25 年。他爱岗敬业,长期从事病理学和法医学教学、尸检和科研工作,曾获得基础医学院杰出员工。近年来他每学年承担本科教学近 300 学时,工作富有成效且具有特色。他在教学中积极探索线下和线上课程的融合,在结合传统与现代技术教学手段等方面也不断进行教学改革和创新的尝试。他积极申报并主持各类教学课题,参与各种教学比赛,撰写教学论文。依托本学科特色,他将基础医学与临床医学相结合,丰富了教学内容,提高了教学质量。在 2020 年初疫情期间,蔡军更是毫不犹豫,临危受命,作为国家卫健委指派的病因诊断专家组成员逆行武汉,在极度危险的环境下从事相关工作,圆满完成任务,明确了新冠病毒感染死亡病例的发病机制及形态表现,为临床诊治工作提供可靠保证。工作之余他也不忘言传身教,除了利用线上完成教学任务外,还积极宣传医务工作者的抗疫精神,让医学生不忘初心、牢记使命。

潜心教学,默默耕耘

蔡军自上海第二医科大学(现上海交通大学医学院)临床医学专业本科毕业后就留校,从事教学工作已有 25 年,他勤勤恳恳、尽职尽责、潜心教学,把整个身心都融进了对教育事业不懈的追求中。教育教学需要工匠精神,教师是工匠精神的践行者,这种精神动力推动他对教学精益求精、追求卓越,对学生一丝不苟,诲人不倦。他用自己的工作经历诠释医学院的院训:博极医源,精勤不倦。他热爱教学,始终用他的"行"和"心"在工作中教育每一位学生,他是将教书育人作为毕生追求的优秀教师。

蔡军长期从事病理学和法医学本科教学,参与病理学与病理生理学总论、内分泌系统、生殖系统、呼吸系统、循环系统、形态学实验等多个教学团队的教学,授课对象为各年级临床医学、口腔医学八年制及五年制和留学生班等。他始终尽职尽责地完成本职岗位所承担的教学工作量,并不断更新教学内容、提升教学手段,从教20余年来每年教学时数近300学时,授课效果及能力深得学生和院督导的好评。在医学院校园里,几乎每个学生都认识他,因为他所教授的课程对象基本涵盖了所有本科生,每个学生都听过他的病理课或法医课。他的邮箱和微信始终向每届学生公开,欢迎学生的提问,而学生提出的各种问题总能很快得到答复。

在教师这个平凡的岗位上,他从不计较个人得失,潜心教学、默默耕耘、兢兢业业,躬耕于三尺讲台,讲好每一堂课。这是教师的初心,更是教师的使命。作为未来医生的老师,他深感责任重大,不敢丝毫懈怠。病理学和法医学都是医学生喜欢的课程。如何激发学生的学习热情是教学中要考虑的问题,也是摆在每个老师面前的重要问题。蔡军在教授病理学时,利用自己积累的知识并查阅大量资料,让学生在基础医学阶段就接触到了大量医学病例及相关表现,学生对这门课表现出极大的好奇心和对知识的渴求感。利用一些熟悉的甚至是身边的病例,蔡军通过讲解、剖析再结合课本知识,充分将实践融入理论知识中。法医学更是以案例为主线,以案例贯穿理论教学,提高学生分析思考能力,使学生真正从学习中获益良多。

教学中培养医学生的能力和责任

曾有人提出教育教学应该是择高而立、向宽而行、往深而思。培养医学生的自主学习能力和责任感,符合医学院提出的培养有灵魂的卓越创新医学人才的要求。

教学不是独奏,而是协奏、合奏。让学生参与,主动思考,提升能力,课堂效果才能体现出来。这需要教学内容、方法及手段的不断变化、更新。

教育是一门科学,也是一门艺术。如何把枯燥的理论讲得生动有趣,激发学生的学习兴趣是蔡军一直在思考的问题。每节课前他都要认真备课,寻找大量案例与理论结合。同学们一致评价蔡老师的课深入浅出,生动有趣。蔡军还非常重视课程思政,将思政融于课程教学中,在病理和法医学教学中融入大量思政素材,由此编写的全新教材曾获得过医学院课程思政设计竞赛的十佳思政素材。比如介绍冠心病内容他首先会引入一些真实的事件,诸如经常看到的医护人员在路上或景区紧急救治那些心跳骤停的病人,告诉学生那种职业责任感。他每年参与各教学团队 PBL 教学,撰写 PBL 案例,并多次获得全国及医学院 PBL 案例大赛奖项,这些 PBL 案例也极大提高了医学生的自我学习、思考能力和人文、职业精神。他开设选修课"诊断病理学",将基础与临床病理紧密融合,提高医学生在基础学习阶段对疾病的认识。他带教指导多届 RBL 学生科研工作并撰写和发表论文,指导医学生接触科研文献,训练他们理解、分析及论文撰写等科研基本功。

病理尸检及形态观察也是一项重要的教学工作,也是病理学及法医学的教学特色之一。蔡军每年都组织学生到现场观看病理尸检,并进行现场教学,病理知识结合医学人文,使学生得益匪浅。由于尸检条件受限,如尸源、场地等因素,不利于大量学生现场观看,蔡军近年来组织开发病理解剖虚拟仿真实验教学系统,结合现在流行的技术,逐步设计、开发诸如基于虚拟现实技术在病理尸检案例教学系统,通过虚拟现实技术将尸检案例显现出来,让学生在虚拟但又接近真实的场景中自己进行尸检模拟操作、形态观察及分析讨论,并得出结论。同时他也及时将这些制作的设想、内容和学习情况撰写成教学论文发表,供同行交流学习。这些新颖而前沿的教学手段,拓宽了教学内容,提高了学生参与度。

舍小家、顾大家,逆行驰援武汉

教学事业更应结合国家、学校的需要。在国家有难之时,蔡军奋不顾身,甘冒疫情风险积极驰援武汉。在 2020 年 2 月 17 日到 2020 年 3 月 22 日期间他作为国家卫健委组建的"病因诊断"专家组成员之一赴武汉开展相关新冠肺炎病理工作,在高危环境下通过大量病理尸检明确了新冠的病理形态改变,并促使将病理变化写入了《新型冠状病毒肺炎诊疗方案》第七版,为临床治疗提供可靠依据。工作之余他利用有限的时间,与合作伙伴及时总结经验,发表有关 COVID -

19 的研究论文。

在武汉的工作既危险，又充满挑战，但更是一份责任，是对国家、对学校、对学生的一份责任。教育不仅仅是在课堂上，更是在社会上体现育人的本质。面对新冠肺炎的尸检，蔡军及其工作团队的工作能力毋庸质疑，但从传染和防护角度仍要多方面慎重考虑，毕竟面对的是传染性极强的病毒，面对的是布满病毒的器官、组织和细胞，要近距离打开它们、翻动它们、观察它们，面临的危险有多大，谁也不能确定。同时，工作是随时进行的，不可能事先排好时间，因为从来就不知道下一份尸检同意书是在什么时候签署。有时工作连续 7~8 小时，有时工作到凌晨。穿上防护装备，工作变得更为困难，花费更大精力，蔡军每次都是浑身上下湿透，体力耗竭。

在武汉，除了尸检这项重要工作之外，蔡军对教学也是念念不忘。为响应学院开展线上教学，他积极录制网课，对内容、声音甚至语速等不断进行调整。在出发赴武汉前蔡军已经将录制好的大量课时挂在网上，在上课时间到来时，只要不在尸检操作，他总是不顾疲劳准时在线上回答同学的问题。赴武汉前尚未录完的课程部分也在武汉利用空余时间完成，以供学生学习。有些课则利用一些直播平台以现场直播的形式完成。蔡军偶尔也向学生展示武汉那一刻的场景，让同学们感受在一线争分夺秒的工作热情。虽然远隔近千公里，但他总是想方设法出色地完成各项教学任务。

从武汉回来后蔡军又多次受邀给母校高中部学生及医学院大一和大三医学生做相关的演讲和访谈，惊心动魄但又富有成效的武汉抗疫经历让学生明白医生的初心和使命，激励他们奋发进取有担当。作为教师，言传身教正当时。

蔡军在教育教学一线始终默默耕耘，作为一名工匠精神的践行者，他以自己的行动和初心奉献着光芒和热量。

"教书育人奖"集体奖

一等奖

不忘学医初心，牢记育人使命

——记瑞金医院重症医学科团队

【团队名片】

上海交通大学医学院附属瑞金医院重症医学科于 2010 年正式成立，是上海三级甲等医院中首家成立的重症医学科。目前重症医学科下设两个病区，开放床位 30 张，有医生 22 名、护士 58 名。团队年轻富有朝气，始终牢记"广博慈爱、追求卓越"的院训，以打造全国一流的重症专科为目标，以最精湛的技术和最优质的服务守护危重患者身心健康。经过医护团队的传承与努力，重症医学科已成为全国重症医学专业医、教、研基地。

【名师名言】

■ 广博慈爱、追求卓越，以打造全国一流的重症专科为目标，以最精湛的技术和最优质的服务守护危重患者身心健康。

■ 医学教育是非常精细的培养过程，不仅要培养"能"，更要培养"人"，使我们的医学生具备强烈的维护生命的责任感。

　　"医学教育是非常精细的培养过程，不仅要培养'能'，更要培养具有高度责任感的'人'。"在学科创始人汤耀卿引领下，重症医学科团队始终坚守"健康所系，性命相托"的医学初心，坚持以德立身、以德立学、以德施教的原则，传承"责任与担当"的使命，确立了以临床问题为导向的专业人才培养模式，学科由年轻、薄弱、需求学科发展为国家重点临床专科。第二代学科带头人瞿洪平及陈德昌在前辈耳濡目染的影响下，聚焦临床重大问题，以守正创新，培养有灵魂的卓越医学创新人才为目标，充分营造学科自信氛围，培养出一批专业素质过硬的重症骨干力量，出色完成重大突发公共事件处置和危重患者救治工作，推动学科飞跃式的发展，在复旦大学发布的中国医学专科声誉排行榜上居于"上海第一，全国第六"。

紧扣临床重大问题，系统教学与实战相结合

　　学科带头人以培养专业人才为己任，全身心投入临床各阶段教学工作。通过本科、规培、进修的专业基础教育，夯实人才队伍的基本技能和专业素养，探索和加强 PBL 教学等形式引导学生思考、启迪探索，吸引优秀学生选择重症医学专业；围绕临床重大问题，培养研究生以临床研究剖析问题表象，以基础研究诠释病理机制，最终寻找重症疾病发生发展的预防或救治手段。作为新兴、薄弱学科，重症医学科 3 年中培养硕士及博士研究生 10 余位，2 人获评上海交通大学优秀毕业生，6 人入选广慈卓越青年计划。

　　重症医学迅速发展的过程中经受了多次重大公共卫生事件考验。在老一辈专家言传身教规范化指导下，瞿洪平不断总结公共卫生事件处置经验，根据不同救治环境，建立相适应的救治体系和管理模式。目前团队具有规范的应对突发事件的处置流程和培训体系，不仅在院内完成重大抢救任务，而且几乎所有中青年骨干都先后作为国家卫计委指派专家奔赴社会重大突发公共事件前线进行现场指导。为了构建特大型城市陆、海、空互为补充的立体医疗救援网络，重症医学科团队成为"上海航空医疗救援"的中坚力量。闵东作为航空医疗救援组长完成撰写国内首个航空医疗救援培训教材，建立专业的救治队伍和教育培训体

系,并顺利完成 17 次重症患者院间和跨省转运工作,为政府制定航空医疗救援决策提供依据;刘嘉琳牵头带领青年团队积极开展航空应急医疗救援相关病理生理学基础研究,填补我国航空医疗救援基础研究空白。

依托学科专业沉淀,倡导科学普及教育

汤耀卿作为中国重症医学的主要奠基人,积累了丰富的教育培养经验,根据学科人才培养需求,积极推动全国重症医学专科资质培训(5C 课程)实施,为重症医学专业化基础培训打下扎实的基础。陈德昌作为中华医学会重症医学分会候任主任委员,主抓重症医学核心技术规范应用和推广以及资质培训教材和新理念的不断更新,极大推动我国重症医学的规范化发展,增强重症医学专业学科辐射及影响力。

重症医学是一门新兴的专业,对社会大众带有神秘的色彩。重症医学团队参与"人间世"系列纪录片的拍摄,制作"探秘 ICU"节目,编写《上海医学会百年科普丛书·重症医学——揭开 ICU 神秘面纱》,以增强社会对专业的认同感,理解医护人员的工作初心。当选 2019 年"中国好医生"的瞿洪平带领团队开展"尊重生命,关切需求"的医学人文教育工作,从传统的"满意服务"提升到"感动服务",极大增强医护人员职业使命感和荣誉感,进一步提升了重症医学团队的人性化的医疗服务水平。在此影响下,刘嘉琳积极开展医学人文选修课,使年轻医师和学生充分感受重症医学的人文精神。2019 年著名作家余华有感而发在瑞金医院开展了一场"医学人文"的演讲,并亲笔留下"这里是创造生命奇迹的地方,这里是瑞金医院重症医学科"的题词。这也是对重症医学科专业和人文精神的最大认可。

抗击新冠疫情是对重症医学科育人教学的最好检验

面对新冠疫情,重症医学科老中青三代 17 名医护抱着坚定的信念,以扎实学识、仁爱之心奔赴武汉及上海公卫中心危重患者救治最前沿。

陈德昌作为上海首批援鄂医疗队伍中的主要负责人,身先士卒带领中青年投入到金银潭医院新冠危重患者的救治工作中,提出了"炎症风暴"理论、制订了重症新冠肺炎救治的多个专家建议,并指导年轻医护人员开展有效救治工作,获得全国抗击新冠先进个人奖。刘嘉琳作为重症医学科团队的中坚力量,是武汉同济医院瑞金组医疗组长,针对新冠肺炎引发的多脏器功能障碍,她积极开展构建 COVID-19 加重的临床预警的相关临床和科研工作。年轻的护士朱琳承担援鄂医疗队全体护理人员的呼吸治疗相关知识的培训,并申报创新发明。

在上海抗疫最前沿,瞿洪平作为制定"上海市 2019 冠状病毒病综合救治专家共识"的市级专家组成员,亲率瑞金重症医学科年轻的医护团队入驻上海公共卫生临床中心,承担上海最危重患者的救治。67 个日日夜夜的奋战,充分展示了团队训练有素、专业水平高超的风采,瞿洪平也在前线光荣入党。"瑞金抗疫天团"负责救治的重危患者创造了"零死亡"的纪录,成功撤离 2 名长时间 ECMO 生命支持的重危患者,创造了傲人的救治战绩,极大地鼓舞抗疫一线医护人员工作士气,受到社会各界高度赞扬。护理组长杜颖也因工作突出获得 2020 上海市护理学会"杰出护理工作者"荣誉。

医学教育是一个充满激情和创新的工作,需要投注极大的热情和精力。对重症医学科团队而言,为解除人类病痛,培养具有仁心、仁术、仁爱的医生始终任重而道远。

课程教学和教学改革只有进行时，没有完成时

——记大学化学教学团队

【团队名片】

大学化学教学团队主要负责"大学化学"系列课程的教学工作，始终坚持以学生为中心，不断在教学理念、教学手段、教学方法、教材等方面进行课程建设和改革，是一个团结互助、创新奋进的优秀团队。

"大学化学"（含实验）是国家级精品课程。近年来课程组获得上海市教学成果一等奖、二等奖各1项；校教学成果特等奖、一等奖、二等奖各1项；上海市优秀教材奖1项、校优秀教材奖1项；出版教材4本。还获得上海市三八红旗集体、上海市教育系统巾帼文明示范岗、交大师德师风建设十佳优秀项目等集体荣誉。

【名师名言】

■ 课程教学和教学改革只有进行时，没有完成时。

■ 潜心钻研、精心设计、悉心教学，让学生收益更多，用自己的光和热为学校人才培养做出更多贡献！

大学化学教学团队主要承担着基础化学课程的教学任务,包括:面向工科平台及其涉及的各专业的"大学化学"(CA001)(约1 600人/学年)、面向全校的自然科学模块通识课程"大学化学"(CA901)、为培养工科拔尖人才而设立的工科荣誉课程"大学化学"(CA157)(约150人/学年),还有响应学校分级教学倡导开设的"大学化学(B)"(100人/学年),及每年约28 800人时数的"大学化学实验"。

根深叶茂,团结奋进的教学团队

大学化学教学团队中有4名教师长期从事大学化学课程教学工作,他们有着丰富的课程教学和教学改革经验,参与了1999年"大学化学"课程的最初创建,2003年该课程申报并获评上海市精品课程,2008年课程申报并获评国家级精品课程为了高质量地完成工科平台课程的教学任务、丰富教学内容,学院经过精挑细选,先后聘任了院内外的21位老师共同参与"大学化学"系列课程的教学工作。团队教师老中青结合,组建了一支团结奋进的教学队伍。教师们兢兢业业,精益求精,出色地完成了各项教学任务。

团队注重新教师的培养。老教师们把多年积累的教学经验、教学方法和教学课件分享给青年教师,耐心回答他们教学中遇到的各种问题,使得新教师的教学能力不断提高。如青年教师金鑫,在院士团队做科研,加盟大化教学团队以后,积极投入,教学能力快速提高,2018年获校青年教师教学竞赛二等奖,2019年获一等奖,2020年将代表学校参加市赛。加入团队的教师们虽然科研工作繁忙,也积极响应课程改革需要,承担起把科研转化为教学案例的工作,积极准备化学前沿讲座。例如全国模范教师杨立根据教学需求,为课程开设电化学讲座,引导学生感受科研探索的快乐。团队年轻人主动承担Canvas、SPOC等平台建设,耐心细致不厌其烦地教老教师学习使用zoom等新的网络教学工具。团队教师发挥各自特长为提高课程教学效果共同努力,形成了一心向教、团结互助、创新奋进的良好氛围。

团队坚持教研例会、集体备课,交流教学经验,切磋教学技能;坚持统一考核、统一命题、统一改卷，以制度约束教学行为；坚持参与教研项目，研讨教学改革方向，定期总结教学经验，近五年完成教研论文 5 篇，编写教材 2 本。

以人为本，精耕细作的教学方式

一是深究学情，因材施教。团队认真研究学生来源及高考情况，进行分级教学，为基础薄弱学生开设"大学化学（B）"，课程以他们的知识基础为依据，在原课程 32 学时的基础上增加 16 学时，设计教学内容、速度和方法；对高中化学基础相对较好的同学，深化拓展，注重知识应用能力的培养；两部分同学参加同样的课程考核，达到课程预期教学目标。

二是问题导向，协作研讨。与校教学发展中心合作立项学校第一个量大面广的教学研究项目，探索知识、能力、素质全面提高的教学模式。尝试将基于小组学习的高阶学习方式引入大学化学课堂，引导和组织学生进行问题导向式、团队研究式学习；致力于将科研成果转化到教学中，尝试着在理论课中融入化学化工学科前沿知识，开设电池的化学、有机电子学、绿色催化等专题讲座，引导学生了解学科发展及化学基础知识在前沿领域的应用，塑造科学思维。

三是拓展空间，合力施教。实践性是化学学科的重要特点，大学化学实验课学时与以前相比有了大幅压缩，为了更好发挥课程对培养学生创新思维和能力的独特作用，团队教师主动在好大学在线 SPOC 上建设教学空间，通过线上线下混合教学模式，将实验课堂进行了重构，构建了以"学"为中心的生态，拓展了实践时间、空间，受到了学生好评。混合教学实践作为优秀案例在"中国高校第一届教学学术年会"上做了交流报告。

四是学习新技能，应对新挑战。面对抗击疫情背景下的教学需求，大学化学由八个小班课合并为一个 500 人的网上直播课，大家认真学习 zoom、Canvas 等在线教学平台使用方法，研讨教学方案。陈虹锦授课，团队教师发挥各自特长承担相应工作，包括制作课件、建设教学平台、分小班辅导答疑讨论，保证了在线教学的顺利进行。作为学校的大班授课小班辅导的典型案例，该课程在全校做公开课说课交流，后又被哈工大邀请，为哈尔滨市及黑龙江省高校做说课示范。

发挥光与热，集聚教育教学成果

　　教学团队积极响应学校各种教学部署，根据教学对象特点及学校人才培养需要，在教学理念、教学手段、教学方法、教材建设等方面进行积极主动的改革、建设和实践。在全体教师共同努力下，课程的各项建设循序渐进，日臻完善，成效显著，教学成果屡次获奖，团队还获得了许多集体荣誉。

　　课程教学和教学改革只有进行时，没有完成时。团队教师们热爱教学工作、执着教学研究，希望通过潜心钻研、精心设计、悉心教学让学生收益更多，用自己的光和热为学校人才培养做出更多贡献！

服务国家发展战略，培养知华友华人才

——记媒体与传播学院全英文项目教学团队

【团队名片】

邵国松：上海交通大学媒体与传播学院副院长(分管国际化办学和研究生教务)、长聘教授

郭良文：上海交通大学媒体与传播学院特聘教授

薛　可：上海交通大学媒体与传播学院长聘教授

Michel Dupagne：上海交通大学媒体与传播学院访问教授

Alexander Ivanov：上海交通大学媒体与传播学院副教授

王　茜：上海交通大学媒体与传播学院副教授

牟　怡：上海交通大学媒体与传播学院特别研究员

吴月华：上海交通大学媒体与传播学院副教授

邓　林：上海交通大学媒体与传播学院副教授

郝　烨：上海交通大学媒体与传播学院副教授

周　冬：上海交通大学媒体与传播学院副教授

吴　舫：上海交通大学媒体与传播学院副教授

禹卫华：上海交通大学媒体与传播学院副教授

Kanni Huang：上海交通大学媒体与传播学院助理教授

花　晖：上海交通大学媒体与传播学院讲师

李祎惟：上海交通大学媒体与传播学院助理教授

李雪晴：上海交通大学媒体与传播学院助理教授

叶子婷：上海交通大学媒体与传播学院助理教授。

【名师名言】

- 身体力行，知行合一，让这个社会变得更加美好！
- 学习期间培养实力，工作期间增加能力，机会来了才能水到渠成！
- 以国际视角讲好中国故事，用中国智慧丰富全球文化。

就我国高校而言,国际化办学的关键就是努力提升高质量留学生在本科生及研究生中的比重,使之产生较好的国际影响力。从国家层面来讲,国际化办学符合国家战略发展的需求,有助于提高国家的文化软实力,也有助于我国更好地融入世界。从学校层面来讲,国际化办学符合学校的竞争方略,有利于整体提升学校的教学科研质量,也有助于超越国内竞争对手,同时缩短同世界名校的距离。

在此时代背景下,上海交通大学媒体与传播学院全英文教学团队在 2014 年和 2016 年相继创办新媒体研究全英文硕士和博士项目,共开设三十余门全英文研究生课程,课程设置与学生培养方案与世界一流大学接轨,取得了比较显著的办学成绩。2014 年开展全英文教学以来,全英文教学团队共培养了来自 58 个国家的 324 名留学生。作为团队精心培养的知华友华新生代,这些留学生已成为向世界传播中国文化的崭新力量。

由量变到质变,团队带领全英文项目进入内涵式发展阶段

从招生情况上看,学院国际研究生的注册人数从 2014 年起,起初四年每年的增幅均超过100%。至 2019—2020 学年,学院在读国际研究生为 122 人(大部分为全英文项目学生)。实际上,学院国际研究生在读人数在全校所有学院中连续五年排名前五。在全国新闻传播院系中,连续五年位居全国第一。

全英文项目不仅注重量的增长,更注重质的控制。自 2017 年以来,项目每年的录取率均不到 50%,生源质量稳步提升。以目前在读的 122 名国际研究生为例,他们来自世界五大洲的 60 个国家,其中50%来自欧美国家的大学,包括芝加哥大学、加州大学洛杉矶分校、约翰·霍普金斯大学、莫斯科大学、伦敦政治经济学院等世界一流名校,余下的大都来自亚非拉一流高校的学生。高质量生源持续涌入,且自费生比例不断增长,反映了项目的日臻成熟,已稳步进入内涵式发展阶段。尽管留学生背景各异,但大都在本项目里得到了长足的进展。过去五年间,国际研究已经发表了近 40 篇论文(含 15 篇 SSCI 论文),数十次在国际顶级会议进行论文陈述。项目的毕业生大都在我国境内或境外的国际组织和跨国企业任职,有效提升了学院的国际化办学声誉。

以点带面,团队引领全英文项目快速发展, 整体拉升了学院教学科研质量

在 2017 年教育部公布的第四轮学科评估中,学院的新闻传播学科从上一轮的第 10 名一举跃到 A 类学科,跻身全国前 5 名。新闻传播学科获得教育部批准新增为博士学位授权点。全英文项目在此扮演了重要角色,因其留学生人数、国际化师资队伍以及 SSCI 论文发表在同类学科均高居全国第一。更重要的是,国际研究生和中国本土招生的研究生交流日益频繁,从海外回来的国际化师资队伍和本土的师资队伍加紧融合,对标国际名校的教学科研,将学院各项教学科研活动带入一个崭新的发展阶段,培育了不断追求卓越的学术氛围。

具体来说,为了适应全英文项目的快速发展,全英文项目团队也在不断壮大,已发展成一支人数超过 20 名的高水平国际化师资队伍,其中一半以上是过去五年间成功招聘的,包括新竹交通大学教授郭良文博士、美国迈阿密大学教授 Michel Dupagne 博士(美籍)、加拿大安大略艺术学院助理教授 Alex Ivanov 博士(加拿大籍)等高层次人才。无论是绝对数量还是相对比例,学院的国际化师资队伍规模在全国同类学科中稳居第一。过去五年来,这支队伍共发表 SSCI 论文近 40 篇,获教学类奖项 6 项,举办高端英文学术讲座 50 余场;此外发表 50 余篇 CSSCI 期刊论文,成功申请了 20 余项纵向研究课题(包括数项国家社科基金重大课题),为学院的学科建设作出了重大贡献。

与此同时,随着国际研究生人数的快速增长(已占据研究生总人数的近 40%),国内外学生之间的交流和互动日益频繁。发展至今,所有的国内研究生都参加了至少一门全英文项目课程,这使得他们有机会和国际学生密切接触,互相学习,甚至在课堂外结下了深厚的情谊,同时也开阔了本土学生的国际化视野。

本团队"以点带面"的国际化办学路径也引起了全国兄弟院校的高度关注和肯定。中国人民大学新闻学院、武汉大学新闻与传播学院、华中科技大学新闻与信息传播学院等国内一流的传播学院,均由其院长亲自带队组团来我院交流,

探讨全英文研究生项目和学科建设的办学经验。在很大程度上讲,全英文教学团队引领了全国兄弟院系的国际化办学风潮。

知华友华,全英文项目留学生已成为
向世界传播中国的新兴力量

为服务国家战略需求,全英文教学团队致力于培养知华友华、向世界"讲好中国故事"的高素质、复合型新媒体传播人才。由于国际研究生所处的母国文化环境与中国文化氛围有很大的差异,运用国内常规教学模式难以达到预期的教育效果。为此,本项目通过留学生与中国同学"结对子",参与"汉语桥",参观上海城市风貌,品尝中国饮食,实地调研中国传媒等方式,打开了留学生观察中国社会,了解中国文化的窗口。通过耳濡目染、潜移默化、寓教于乐的教学方法,丰富多彩的中国文化内涵,点燃了留学生了解中国的兴趣,培养了留学生"知华友华"的情感,激发了他们传播中国的激情。

国际研究生教育不能拘泥于课堂上,禁锢在校园里,而是要让他们将"知华友华"理念化作自觉行动,积极投身于"讲好中国故事"的伟大实践中。譬如,我们的留学生普雅参加江苏卫视《世界青年说》节目,人气颇高;首届"中国进口博览会"期间,留学生 Noah 为肯尼亚总统做中文翻译,肯尼亚总统热情鼓励,勉励他努力在本项目好好学习,学成之后回报祖国;留学生 Numan 为上海地铁拍摄"最美地铁人"宣传片,展现上海地铁人的精神风貌,也受到相关政府机构的高度表彰。

为了扩大本项目影响力,全英文项目团队自 2019 年起开始主办"我眼中的中国——在华留学生短视频大赛",受到中共中央宣传部、国务院新闻办、中央电视台等领导的高度重视。首届大赛吸引了数百名在华留学生的积极参与,经过严格评审,专家组评选出十余部优秀作品。这些讲述中国故事的获奖短视频在国内外主流平台轮流播放,观看人数达上百万,在全球范围内产生了广泛的影响,成为向世界传播中国的重要渠道和新兴力量。

"教书育人奖"集体奖

二等奖

以"自主创新能力培养"为目标，以"学生主导"为理念

——记致远创新研究中心团队

【团队名片】

致远学院致远创新研究中心团队由讲席教授王宽诚、邵志峰领衔，成员包括教授夏伟梁、邓涛、金贤敏、郭熙志、梁晓峣共17人。为了提升"创造知识"这一人才最核心素质，团队以"自主创新能力培养"为目标，以"学生主导"为育人理念，在学校、学院和各级领导的支持下，以建设多学科创新实验室为基础，设立针对本科生的"致远学者研究计划"，大力推动师生学术交流，强化本科生与顾问导师紧密合作，引导本科生大胆挑战学术前沿，在自主实践中逐步完成由"学习知识"向"创造知识"的关键转型。"致远学者研究计划"启动至今，师生团队取得了一系列学术成果。本科生为第一作者或共同第一作者在国际顶级期刊上发表论文10余篇、共同通讯作者论文1篇并参与发表论文13篇，公开发明专利2项。他们还荣获了2018年全球创新挑战赛(U21)最高奖和其他科技创新奖7项。

【名师名言】

■ "创造知识"是人才的最核心素质。从被动学习到主动探索，从掌握知识到创造知识，是大学培养拔尖创新人才必须实现的目标。

■ 引导学生从兴趣出发，主动建立与导师的学术联系，完成从概念到实践的完整研究过程，并学习数据分析与逻辑推理的核心理念，是高校本科教育的一项重要任务。

■ 在前沿实验室身体力行，践行自己的理念，实现人类知识创新，是一个重要的自我认知、自我定位的过程，更是人才成长的关键之一。

上海交通大学致远学院践行"立德树人、教书育人"的理念，积极开展教学改革，打造一流的"学习和创新"环境，逐步构建"好奇心驱动+使命驱动"的拔尖人才培养模式。为了培养本科生自主创新意识，加强独立思考能力，学院于2016年开始建设致远创新研究中心(Zhiyuan Innovative Research Center, ZIRC)，聘请了由多位学术造诣深厚的专家学者和热爱教育事业的青年教师组成的人才培养团队(ZIRC团队)，在学院"重基础、促交叉"的课程方案和科研见习制度的基础上，创立"致远学者研究计划"。该计划以"学生主导"为育人理念，以"创新能力培养"为核心目标，引导本科生关注全球科技发展动态和国家重大需求，挑战学术前沿，自发组建跨学科研究团队，在顾问导师的引导下自主开展课题研究，逐步实现由"学习知识"向"创造知识"的能力转型。在四年的探索与实践中，"致远学者研究计划"已经成为致远学院本科拔尖创新人才培养体系的重要组成部分。

精心设计，合理布局，为学生打造一个共享交叉的探索平台

学科交叉与融合和跨学科培养已经成为新时代人才培养模式发展的共识。致远学院以"实践创新"为突破口，聘请生物医学工程学院"王宽诚讲席教授"邵志峰领衔校内不同领域学术造诣深厚的教授学者，于2015年开始组建创新人才培养团队，建设跨学科本科科研创新平台——致远创新研究中心。为了充分整合校内外资源，全力位支持本科生开展自由探索和科学研究，在学校领导的亲自指导下，学院成立由国际知名学者和教学名家组成的ZIRC学术指导委员会，制定了"中心实验室+卫星实验室"的建设框架。ZIRC组建的能源材料、量子通信计算、生物分子探测、数据科学技术等方向的跨学科中心实验室，于2018年10月启用，为学生提供一个独特的支持自由探索与思维碰撞的实践空间。ZIRC中心实验室拥有约2 000万、共计240台(套)的尖端实验设备，以及丰富的实验元器件或设备零配件储备，用于搭建各类数字化仪器控制系统。中心实验室以在线预约的模式向致远荣誉计划学生全天候开放，并全面兼顾校内其他师生的科研需求。为了让本科生们能够在实验室开展自由探索，成为真正的前沿高端设

备的使用者、技术创新的开发者,团队坚持"开放共享"的理念,制定实验室安全准入机制,构建在线预约平台,建立大型仪器操作培训体系,实现了定期培训与按需培训的有机结合。结构照明显微镜、原子力显微镜、原子层沉积系统、飞秒激光加工系统等国际顶尖大型科研设备的开放,为本科生创造了一个不可多得的创新环境与机遇。

为了进一步拓展科研实践资源,经过论证和学委会把关,ZIRC 还设立了面向本科生全面开放的卫星实验室,形成了与中心实验室协作、互补的格局,以支撑本科生在不同层次、不同尺度完成科研创新项目。

以创新能力培养为核心,引导本科生挑战学术前沿

爱因斯坦曾指出:"创造力比知识更重要,因为知识是有限的,而创造力几乎概括了这个世界的一切,它推动技术进步,甚至是知识的源泉。""学习"与"创造"是拔尖人才的核心素质,如何培养学生的创新能力是全世界高等教育面临的重大挑战。以"自主创新能力培养"为目标,ZIRC 团队于 2016 年发起"致远学者研究计划",推动本科生发展、强化自主研究的能力,并在致远荣誉计划本科生范畴内开始试点。该计划引导学生结合自己的兴趣与好奇心,面向人类生存与社会发展的瓶颈问题,主动发现科学问题,在与顾问导师充分探讨后形成研究思路,自主组建研究小组,探索解决问题的途径,亲自设计并实施前沿实验,激发创新思维。

为了让低年级本科生尽早了解学科前沿的发展动态,开阔学术视野,团队精心筹划,举办形式多样的学术活动以协助本科生与我校活跃于科学前沿的优秀教师建立直接的学术联系。在定期举行的、以师生自由交流为特色的大型见面会上,知名教授们通过学术海报展示他们的研究领域并介绍各自实验室的最新成果,而本科生自由穿梭于教授林立的智慧海洋中,挖掘、发现自己的兴趣,与在场教授们展开热烈的讨论。团队还定期举办严格限制参会席位的 Chalk Talk (粉笔谈话),在前沿领域为师生们提供更充分、更深刻的探讨空间,以利于学生们完善自己的想法,构思立项的内涵。四年内,ZIRC 各类学术活动吸引了本科

生近 1 500 人次的参与,新生参与度超过 50%。丰富的学术活动开阔了大一新生的眼界,开启了科学想象的空间,激发他们探索未知的好奇心。

为了进一步协助学生自主立项的展开,团队还设立了定期的 Office Hour(教师与学生的面谈)制度。ZIRC 常务副主任邵志峰带领 4 位责任教授(材料科学与工程学院讲席教授邓涛、生命科学技术学院特聘教授郭熙志、物理与天文学院长聘教授金贤敏和电子信息与电气工程学院教授梁晓峣),每周轮流在 ZIRC 中心实验室"驻留"半天,为学生解答学术疑问,提供科研指导。顾问导师则向学生开放办公室和实验室,引导学生从兴趣出发,通过文献查阅等方法进入更深层次的思考,发掘隐藏在现象背后的科学问题,初步确定研究课题主旨。在此机制下,若干位本科生在顾问导师的引荐下,组成一个跨学科研究小组,他们的学科背景不尽相同,但是拥有共同的兴趣和目标。

如何把科研设想转化成可执行的研究计划,也是人才培养的重要一环。ZIRC 以国家自然科学基金申请书的标准来规范"致远学者项目"申请书,引导本科生科研团队自主撰写完整的项目申请书。顾问导师亲自指导学生团队深化项目的主旨思想、梳理研究内容和技术路线,协助他们制定切实可行的研究方案、提炼课题创新要义。ZIRC 责任教授初审学生首次提交的申请书,帮助学生进一步凝练项目主旨。ZIRC 行政管理教师则全天候开放"咨询室",与同学们线上线下及时互动,解读项目申请政策。ZIRC 团队的每一位成员竭尽所能地发挥自己特有的力量,为本科生们的首次科研项目申请领航、护航。

为了保证项目的创新性和前沿性,团队特别邀请了海内外知名专家学者担任盲审专家,其中国内专家大都曾入选各类国家级人才计划,所有海外专家均来自世界顶级研究型大学。专家们以学术创新性、技术可行性和学科交叉性为核心标准,对申请书进行评价。依据这些盲审专家的书面意见,ZIRC 学术指导委员会进行终审,并确定资助项目。在这一系列评审环节中,专家们的意见都反馈给科研团队,帮助学生们进一步深化对研究课题的认识与理解。立项后,致远学院为科研团队提供相对优裕的经费资助,在顾问导师的支持与辅助下,开展为期2 年左右的研究与探索。

ZIRC 团队还每年举办一次"致远学者项目"汇报大会,邀请学术指导委员会委员和相关领域的专家担任评审专家,对中期汇报项目的研究进展进行点评,把控项目质量。专家们还对结题项目的研究成果进行专业评判,并评选出"杰出成果奖"予以表彰。参项本科生在大会上提前体验研究生论文的答辩过程,提升自身的学术素养。

在"致远学者研究计划"的实施过程中,ZIRC 团队积极开拓学生的学术视野,帮助学生建立站在学术前沿认识世界的"大格局",引导学生树立用中国智慧引领世界的"民族自信",激发学生追求学术卓越的内驱力,在人才培养改革道路中,逐步实现了"教育增值"。

促进师生紧密合作,激发学术活力

"致远学者研究计划"实施以来,本科自主科研项目的学术水平逐年提高,不但有效激发了本科生的创新动力,并且促进了他们追求学术卓越的意愿与决心。我校学术精英参与本科培养的热情显著提升,以"自主+创造"为核心的本科自主创新人才培养改革卓有成效。

在我校理工生农医 16 个学院/研究所的大力支持下,"致远学者研究计划"平均每年吸引 50~60 位活跃于科研前沿且热爱教育、德才兼备的资深教授与青年才俊参与学术交流,其中近90%的顾问导师曾获得各类国家级人才计划。这些顾问导师的积极参与是"致远学者计划"取得成功的重要因素。他们先后指导了由 152 位本科生组成的 58 个科研小组撰写"致远学者项目"申请书,其中47 项获得立项资助。顾问导师们继而在学术思想、研究方案、技术方法等方面对本科科研小组进行悉心教导,形成了师生紧密合作的研究团队,做出了可喜的成绩。2015 级致远理科荣誉计划本科生赵杰(物理学方向)在材料科学与工程学院讲席教授汪洪的启发下,对物质本源的探求产生了好奇。在汪洪教授的鼓励与支持下,赵杰大胆地使用 X 光通量作为触发源,成功解决了两台仪器的联合控制问题。2014 级致远理科荣誉计划本科生孙轲(物理学方向)领导的研究小组常于深夜造访金贤敏教授的办公室,探讨在课题研究中遇到的棘手问题,商议解决方案。他们攻坚克难,成功探索出了一种利用单光子级 ICCD 同时测量数千个模式的量子比特的新方法,首次实现了大规模量子关联测量,突破了光量子计算机的探测瓶颈问题,并在光学权威期刊 *Optica*(孙轲为第一作者)上发表了他们的研究成果,获得了美国光学学会等学术组织的关注与报导。

"致远学者项目"已经获得了学生们的高度认可与好评。2014 级致远工科荣誉计划本科生王子昭表示,在"致远学者项目"中,他遇到了可为人生榜样的顾问导师和思维活跃、积极进取的队友,提升了科研素养与热情。王子昭带领的团队在材料科学与工程学院讲席教授邓涛和机械与动力工程学院讲席教授章俊良的共同指导下,应用高效太阳能蒸发膜构建高效、简单、节能的海水淡化装置,研究成果发表于国际权威期刊 *Journal of Materials Chemistry A* 上,并获得包括 2018 年全球创新挑战赛(U21)最高奖在内的 3 项大奖。王子昭也成为交大首位哈佛、斯坦福材料全奖博士录取者,并于 2018 年 8 月赴哈佛大学继续求学深造。

顾问导师作为 ZIRC 团队的重要组成,在本科生创新能力培养方面起到了至关重要的作用。导师们通过言传身教,让学生在耳濡目染中,领悟科学的精神,体会社会的责任,有效促进我校科教融合的发展与进步。学生们在顾问导师的感召下,追求学术卓越的信念也更加坚定,所有参项本科生在毕业后都选择了继续深造,其中,70% 直接攻读博士学位,30% 攻读硕士学位。他们就读的学校包括哈佛、普林斯顿、牛津、清华、北大、上海交大等著名学府。

中心辐射效应日益显现,团队教师深受本科生认可

ZIRC 团队中还有一群不计得失、默默付出的实验技术支撑教师和行政管理教师,她们奋斗在本科实验教学与科研服务的第一线,赢得了同学们的认可与感动。2017 级致远理科荣誉计划本科生吴正瀚(物理学方向)表示,他的课题研究需要进行大量计算和数值模拟,而 ZIRC 为他们提供了额外的计算资源。即使在 2020 年春季新冠疫情防控阶段,小组也没有丝毫松懈。他们在 ZIRC 教师的全力支持下,通过远程联机实现了不间断计算与模拟服务。无论是在工作时间还是下班时间,一旦联机出现问题,老师们都能及时反馈并帮助学生们解决问题,让他们完全不用担心疫情冲击课题研究的进展。

在"致远学者研究计划"的实施过程中,ZIRC 责任教授、顾问导师、实践技术支持教师和行政管理教师充分发挥了各自的特长,他们紧密配合,不断积累总结实施经验。在前期成功经验的基础上,ZIRC 团队于 2019 年年底推出新举措,将"致远学者研究计划"推广到我校大部分理工科专业,实现了年度项目申请总数的翻番。与此同时,ZIRC 团队还与兄弟院校交流分享了"致远学者研究计划"的理念,得到了他们的关注和好评。中心实验室还累计接待了海内外来访师生1 800 人次,向他们介绍了 ZIRC 针对本科生展开自主研究的经验,为兄弟院校提供了有益的借鉴。值得一提的是,"致远学者研究计划"与国家教育部推出的"拔尖计划 2.0"建设目标高度一致,也将为"强基计划"培养方案提供思路。

面向未来,"致远学者研究计划"必将进一步发展壮大,并吸引更多师生积极参与其中,它的不断完善与提高必将为国家的人才战略做出贡献,为人类知识的拓新提供新时代精英人才!

全球视野、交叉学科、创新为道、质量为本
——记密西根学院国际化交叉学科人才培养团队

【团队名片】

密西根学院国际化交叉学科人才培养团队获得上海交通大学2020年"教书育人奖"集体奖二等奖。自学院成立以来,这支团队已培养出了2 500多名毕业生,人才培养成效不仅获得了学生和家长的一致好评,同时也得到了国内外知名大学、企业以及社会的高度认可。十几年来,密西根学院作为一个整体成功地扮演了上海交通大学国际化发展战略"试验田"的角色。学院借鉴密西根大学打造了一套完整的全英文人才培养体系,学术诚信教育、工程导论课、毕业设计、学术英语、ABET认证等都为兄弟院系乃至国内外众多高校的教育改革提供了模版。学院广泛的国际合作获得了国际同行的高度评价和认可,遍布全球的优秀校友也提升了学校的国内外影响力。

【名师名言】

■ 把世界上最好的教育带给中国最好的学生,做中外合作办学的引领者。

■ 教育需要慢工出细活,急躁不得。

■ 教师是一个崇高的职业,教学是一门优雅的艺术,而育人则是一份至上的责任。

■ 作为一个教育工作者,更重要的是要教会学生怎么去学习,激发学生学习的兴趣,有这种欲望去自己学习。

自 2006 年建院以来,作为上海交通大学国际化办学的特区学院,密西根学院的办学取得了一系列成就,培养出了一批批具有全球视野和国际竞争力的拔尖创新人才,先后荣获国家教育成果一等奖 1 项,上海市教育成果一等奖 2 项,并被国家教育体制改革领导小组誉为我国高等教育的楷模。同时,密西根学院的办学也得到了国际社会的高度认可,曾获得象征国际教育最高荣誉奖的"海斯克尔国际教育革新奖"。2016 年学院两个本科专业均以优异成绩获得 ABET 认证。这些成就的背后,离不开一支国际化交叉学科人才培养团队的不懈努力。

打破现有专业之间的壁垒,构建多学科融合培养模式

近年来,密西根学院秉持"全球视野、交叉学科、创新为道、质量为本"的办学理念,围绕培养符合"时代发展与国家未来需求"的国际化、复合型拔尖创新人才的构想,通过国际合作和交叉学科的方式打造了多元化、多层次、全方位的交叉学科人才培养模式。为快速缩短和国际一流大学的差距,学院创造性地在课程体系中引进交叉学科的形式,引入"主修专业+辅修专业"本科跨专业模式,通过拓展教学的广度,为学生在未来选择深度学习方向时打下更宽厚的基础。

学院主要设有电子与计算机工程、机械工程以及材料科学与工程三个专业方向,建立了与密西根大学同步接轨的课程体系,所有基础和专业课程均采用全英文授课。所设的专业课程培养方案中,除了打造工程基础模块的平台,在各专业选修模块和专业任选模块中某些课程均可以学分互认。此外,在注重工程教育的同时,开设数学、统计学、自然科学、文学、历史、哲学、"商业"、外语等通识教育课程,致力于通过学科交叉融合,学术视野拓展,培养复合型人才。学院也在校内率先开展辅修专业,设置辅修学位。目前已开设的辅修专业有计算机科学(软件)、数据科学、全球中国研究和创业管理等 4 类,计划继续开设工业人工智能等辅修专业。按照辅修专业要求,学生在四年内只要修完相关核心课程和企业合作的实习课程以及部分选修课程,达到规定学分要求,就能在毕业时取得学院的辅修专业证书。通过这一模式,学生的视野得到了开阔,职业发展有了更多的可能性。

此外,学院成立伊始便提出了将知识探究、能力培养、人格养成和价值引领有机融合于一体的人才培养新模式,通过在大量的课程中引入开放性课程设计项目,以工程和科技交流教师交叉授课的方式,让不同专业的学生组队共同完成项目,在传授工程知识的同时,注重培养学生包括创新性思维能力、知识运用和解决实际问题能力、团队合作能力、科技交流能力和诚信意识在内的综合能力。作为全校的毕业设计改革试点,学院率先对现行的毕设组织方法和考核办法进行改革,让不同专业背景的学生一起合作完成毕业设计,持续推进以市场需求为导向的教育改革。2016 年开始,学院还和密西根大学合作开设"全球跨学科设计项目"课程,由双方教师共同指导,让不同国家、不同专业、不同文化背景的学生在两个学期内跨境完成毕业设计的整个过程,非常好地演练了未来全球合作的工作模式。

拓展全球合作伙伴,开展全方位交叉学科人才培养

以全球视野不断拓展国际合作是密西根学院与生俱来的需求。目前学院已经形成以学位项目为主,以交流交换、游学项目为补充的国际合作项目体系,不断推进的国际合作项目也持续拓展了国际化交叉学科人才培养的模式和手段。

在学位项目方面,除了自身体系的本硕博学位,学院积极与全球知名高校合作,为学生提供双学位项目和全球学位通项目等多元化的选择。与美国密西根大学合作的双学位项目面向所有的在校本科学生。学生可以在大二的秋季学期自主申请该项目,每年有 100 名左右学生于大三的秋季学期前往美国修读密西根大学工学院和文理学院的 19 个工科和理科专业。学生在完成密西根大学的毕业要求后于大四的夏季学期回到上海交通大学完成密西根学院的学位,以此来获得两个学校不同专业的本科学历和学位,实现"工程+工程"和"工程+科学"的交叉学科人才培养。全球学位通项目于 2017 年推出,将原有的"4+1"项目、"3+2"项目进行融合和提升,为学生提供更为直接的本硕连读机会,从专业跨度以及时间上满足学生多元化、跨学科的需求。全球学位通项目所涵盖的合作伙伴已包括美国密西根大学、美国南加州大学、瑞典皇家理工学院、爱尔兰圣

三一学院、美国加州大学尔湾分校、美国北卡罗来纳州立大学等。这些项目实现了"工程+工程""工程+文理""工程+经管""工程+信息"等的交叉学科人才培养。

学院也积极为学生提供前往世界一流大学进行短期学习的机会。非学位交流交换项目方面,作为全球工程教育交换项目(Global E³)的成员,学院学生可在七十余所项目成员学校内选择任意一所进行交流交换学习的申请,包括美国伊利诺伊大学香槟分校、美国威斯康星大学麦迪逊分校、新加坡南洋理工大学等名校。除此之外,学院也与德国慕尼黑工业大学、美国北卡罗来纳州立大学、美国马里兰大学等十余所大学建立了交换项目。除以上院级项目之外,学生还可选择上海交通大学的校级项目前往其他世界名校进行交换学习。此外,学院在寒假期间为学生提供的短期游学项目目前已经发展到12个国家的15个项目。学院学生可前往德国、西班牙、法国、澳大利亚、美国、日本、俄罗斯、阿根廷、加拿大等国家参加三至五周的游学项目,可选择包括工程、创新、数据、语言、商科、人工智能等热门方向的课程,并参加由当地学校组织的文化体验类活动。这些项目拓展了学院学生的国际化视野,课程所得学分可转回学院并计入毕业要求,为学生后续参加其他学位类项目构筑了国外生活的基础。在把学生送出去的同时,学院良好的全英文教学管理环境,每年吸引了超过100名欧美名校的学生前来访学,增强了学院整体的国际化氛围和多元文化的融合。

以 ABET 认证为导向,构建完善的人才培养质量控制体系

ABET(工程与技术认证委员会)认证是应用科学、计算机、工程及工程技术等领域全球最具权威的认证之一。学院于2015年1月正式申请认证,2015年7月提交了自评报告,并于2015年10月完成现场评估,向评估专家展示了课程材料、学生成果、软硬件设施、师生评价等,充分展示了学院在"教育目标""学生能力""持续发展"等 ABET 强调的八个方面的突出表现。2016年8月,学院的机械工程、电子与计算机工程两个本科专业以优异的表现正式通过 ABET 认证。

学院根据 ABET 提出的工科毕业生应具备的11项基本能力要求,设置了对

应的课程体系和培养目标,把这 11 项能力的培养融入整个本科人才培养过程中,建立了以学生为中心、以学生能力培养为导向、以质量提升为目标、以国际专业认证为手段的高等工程教育人才培养体系。

同时,学院为人才培养体系制定了过程化、制度化的质量控制体系。学生 11 项能力培养的目标被逐一落实到各专业的课程设置中,每门专业必修课都各自承担了一部分能力培养目标,并形成了相应的课程目标。能力培养目标的落实由本科生和研究生教育委员会监督和评估,每门课程目标由责任教师在课程设计和教学过程中负责落实。学院每年定期组织所有任课教师参加课程教学评估。教师按照所授课程的相关性分组,对所授课程进行评估,评估内容包括课程目标的达成度、每一门课程设计的合理性、相关课程内容的衔接、学生反馈、教师自评、教学改进措施的落实等方面。教学评估的目的是发现问题,找出解决方法并制定具体改进方案,形成课程评估报告,并由新一轮课程的任课教师负责落实;在下一次的课程教学评估中,认真检查相关教学改进措施是否落实到位,不断提高每一门课的教学质量。在以学生为中心的培养理念指导下,学院形成了一个全方位的质量保障体系,在办学目标、能力培养、教学质量、师资、学习生活条件、学业指导、就业指导等方方面面为人才培养体系提供保障。

凝心聚力,打造国际一流生物医学工程人才培养体系和评价体系

——记生物医学工程专业 ABET 认证团队

【团队名片】

生物医学工程专业 ABET 认证团队从 2014 年开始按照 ABET 对工程教育的要求,通过对毕业生和用人单位调查,咨询国内外教育专家,召开专题研讨会,对生物医学工程本科专业的培养目标和课程体系进行了系统性的改革,并建立了闭环的持续改进的人才培养体系,无瑕疵地通过 ABET 专家现场认证,成为国内第一个通过 ABET 工程教育认证的生物医学工程专业。

【名师名言】

■ 培养具有国际视野的学生,要先建立与国际接轨的培养体系和评价体系。

■ 人才培养先要明确目标,然后根据毕业生和社会的反馈,改进培养目标、课程体系和培养方案。工程教育认证就是对这个过程进行评估和反思,从而持续不断地提升人才培养质量。

2014 年开始,在时任生物医学工程学院院长徐学敏教授的提议和带领下,"生物医学工程专业 ABET 认证团队"成立,这个团队由教学管理者、教学发展人员、一线教师以及实验室管理者组成。团队以 ABET 认证标准为指南,凝聚全院教师,针对生物医学工程的培养目标、毕业要求、课程体系、评估和持续改进进行了一系列的改革工作,建立了一个完整以 OBE(outcome-based education)为理念的培养体系。生物医学工程专业于 2018 年年底接受 ABET 专家现场认证,2019年 8 月正式通过 ABET 认证,成为国内首个通过 ABET 认证的生物医学工程专业,同时,为将来国内生物医学工程专业认证的标准制定及认证实施提供了重要的借鉴价值。

持之以恒,倡导专业认证的核心理念

万事开头难,在准备 ABET 认证之初,大部分教师对该认证不了解,部分教师对参加认证的意义持怀疑的态度,因为依托学校优势、生物医学工程的学科优势,专业的招生以及学生的就业或学习深造都没有问题。针对这样的想法,团队在学院领导的大力支持下,多次召集不同领域方向的老师们做深入的宣讲和讨论,在每次学院大会上动员及汇报进展,邀请经验丰富的专家进行培训,逐步地让"学生中心、成果导向、持续改进"的工程教育专业认证的核心理念得到老师们的认同,从而在人才培养目标、毕业要求、课程体系、评估和持续改进、学生指导各个环节落实 OBE 理念。

在成果导向理念的引导下,团队推动了从人才培养目标到毕业要求再到课程学习成果的修订。学院专门成立了由校友及用人单位代表组成的人才培养目标委员会,该委员会定期地反馈社会及行业的新需求,而且根据学校、学院的人才培养目标,并参照国际一流生物医学工程人才培养目标提供建议。从培养目标出发,明确了毕业要求,梳理了课程体系,修订了全部专业课程的教学大纲,明确了每门课程的学习成果,实现了对毕业要求的全支撑、强支撑。比如,针对课程体系中对在"工程伦理""统计分析"等毕业要求支撑度低的问题,提出开设"生物医学工程研究的伦理及学术道德""生物医学统计概论"等课程的建议,在得到本科生教学委员会的同意以及教务处的批准后,开设了这两门新课程。再如,因生物医学工程本身是具有交叉学科的特性,师资有不同的学科专长,教师指导的毕业设计课题有很大的差异性,对毕业要求的支撑强度也存在差异性。团队与负责毕业设计课程的老师深入交流并提供指导,责任教师撰写了《毕业设计/论文》课程大纲,明确了毕业设计的学习目标以及所支撑的毕业要求,并设计了不同评价主体执行的评价表。在实施阶段,责任教师在征集课题时提醒各指导教师注意毕业设计的学习目标,在开题、中期、答辩时由不同的评价主体针对不同的侧重点对学生表现进行评价,此外,给学生提供写作模板,规范论文要素。通过这些做法使每个毕业设计都能达到毕业要求。

凝心聚力,建立闭环的教育质量监控与提升机制

专业认证需要全体教师的参与,在教学质控管理体系上,团队起草了多份教学文件,并建议学院建立了多个委员会,各委员会各司其职,为教学质量的持续改进建立了体制机制。

团队每学期初至少组织一次课程回顾会议,在参会前,教师需将自己前一学期承担的课程对照学习目标来举证自己班级学生的学习效果,分析不足并提出改进计划;在会议上任课教师进行交流,参会的其他老师提供有益的建议。由于学院不断有新教师加入,每次课程回顾会议前,团队会物色理念到位的老师做示范,便于新进的教师借鉴。为便利教师时间和地域上的选择,这样的课程回顾会议一学期往往举行多次,而2020年春季学期全面线上教学反而为课程回顾带来了便利。Zoom视频会议系统的使用,提高了教师们参会的效率;录制的视频也方便新进教师学习。

为了最大限度地降低老师们在修订大纲、提供学习效果支撑材料元素等方面的时间投入,团队设计了多种支撑工具。比如,提供大纲模板、课程回顾模板等,并对重要元素添加批注,同时及时通过微信、电话、邮件等方式解答教师的疑惑。再如,为了促使试题命题对标预期的学习成果,在设计的试卷审批表上特别

要求表明哪些题对标哪个预期的学习成果,帮助教师在命题时注意预期学习成果的考核,也方便教师收集和分析数据。

积极探索,推进思政育人融入各个环节

生物医学工程专业是全校最早实施导师制的本科专业。团队进一步推进了思政教育与学科教育融合,加强了学科专任教师对学生思想品德、学业、择业及生活上的沟通与指导,导师根据学生学习兴趣及能力指导学生选课,帮助学生更好地发展。

团队还推进了实验室安全意识、责任意识、可持续发展意识教育的常态化,首先通过实验室安全隐患的排查及实验室设施改造,营造安全、健康的育人环境;其次由团队中的教师负责日常的安全教育,每个进实验室的班级师生均接受安全教育,并签名表示会遵守安全条例。

ABET 对工程教育要求的一个重要内容是培养学生的伦理以及规范的认知和意识,而这方面恰恰是过去我们课程体系的薄弱环节。团队根据调查和研究,建议开设了"生物医学工程研究的伦理及学术道德"课程,讲授工程师和工程设计的伦理规范、动物研究、人体研究的伦理,以及学术交流的规范等,培养学生的学术伦理和规范意识。在团队成员的推动和参与下,目前关于学术伦理和规范教育的课程已经成为全校研究生的必修课。

夯实数学基础，助力展翅高飞

——记线性代数课程教学改革团队

【团队名片】

　　线性代数课程团队由教学科研一线的 8 位教师：蒋启芬（课程负责人）、马俊、张晓东、高云、司梅、王增琦、崔振、麻志浩组成，其中教授 2 名，长聘教授 1 名，副教授 5 名、讲师 1 名，都具有博士学位和海外访学经历。他们十几年如一日，分别是教学烛光一二等奖获得者，上海市及上海交通大学教学成果二等奖获得者，华东赛区微课竞赛二等奖获得者，晨星、优秀教师、青教赛、卓越教师等多种奖项的获得者！老师们采用问题导入引导知识探究，深化教改夯实数学基础，因材施教助力展翅高飞，打造线上资源服务社会。他们一直在学生需要的地方默默耕耘着！

【名师名言】

　　■ 凝心聚力，用心教学，启发心智，培养创新。

　　■ 教育的价值不在于让学生学习大量知识，而在于训练学生的心智，从而让他们去思考课本上学不到的东西。

　　■ 我们要走别人没走过的路，想人家没想过的问题。

　　■ 不忘初心，兢兢业业；立德树人，思以致远。

"线性代数"课程是上海市的精品课程,是学校量大面广的公共数学基础课之一,每学年修读人数近 3 000 人次。为遵循培养创造型人才,在教学中加强基础数学能力的培养,提高学生的数学修养和素质的教学改革基本精神,面上"线性代数"课程(MA270)的教学实施采用一个教学大纲、统一考核比例、统一命题阅卷、统一习题课的融通教学模式。课程团队老师们分别担任了"线性代数"荣誉(4 学分)、"线性代数"常规(3 学分)和电信学院试点班"线性代数"的双语以及"线性代数"重修班的多层次、全方位的分流培养模式的教学。

不忘初心,牢记党员使命

团队 8 名教师均有十几年党龄,对于他们,党员不仅是一个称号,更意味着责任和奉献。教学团队的同志们始终以优秀党员的标准严格要求自己,以满腔热情投入到支部建设和创先争优活动中,以实际行动体现党员的先进性。教学团队利用支部生活平台,开展集体备课、交叉听课、课后交流等活动,发扬了"老带青"的传帮带作用,有力地促进了青年教师把握课程教学要求,有效地提升了新进教师们的教学质量和教学效果。

团队中,有两名老师先后担任了四届本科生导师。他们牺牲自己的业余时间实时解答学术学业中遇到的困惑,为学生提供前沿的数学结果,提高学生的数学修养,体现了无私奉献精神,增强了党支部的感召力和凝聚力,两位教师所在的代数党支部也在学校组织的"创先争优"活动中多次作为"优秀组织生活"案例展示。

路在延伸,不管走到哪里,团队老师们一直坚定地践行着做个好党员、做个好老师的初心,为数学科学学院的教学科研工作更上一层楼孜孜不倦地耕耘着。

因才施教,夯实基础,深化课程改革

教学团队将教学团队建设、教材建设和教学改革紧密结合,在教学模式、教学方法、教学实践等方面不断地深化探索和研究。

1. 教材建设

一本好的教材是启发学生自主学习和掌握知识本质的起点,是培养学生创新性的基础。课程改革团队根据实际教学经验进行了大量深入的研究,结合学生们的需求,积极进行教材教辅书的编写和改编。目前,团队已出版教材教辅书4本,待出版2本。其中,教材《大学数学·线性代数》(第二版)获"校级优秀教材特等奖"和"上海市优秀教材奖"(参编,2人次,2015年);教材《线性代数》(第三版)被包括华东师大在内的很多高校使用,教辅书《线性代数试题分析与解答》被多次重印。在编纂教材的过程中,课程团队充分考虑学生的不同需求,融合近20年的教学实际,将每章内容通过前景提要、正文和延展阅读的结构进行了分化,既保证了教材理论的完整性,也启发学有余力的同学去探究和发现,激发学生学习的源动力,也给了讲授教师更多的教学自由空间。

2. 教学模式、教学方法的多层次、多方位的内涵式改革

(1)与其他学科课程相比,线性代数课程具有理论性强、抽象性强的特点,学生学习起来难度较大。对此,课程改革团队一方面紧紧抓住课程的主线,利用"翻棋游戏、魔术变换、几何直观、应用问题导入"等手段把抽象概念形象化,深入浅出地为同学们解释清楚抽象的概念和定理,帮助学生理解其数学思想,夯实了同学们的理论基础;另一方面,课程团队进行了"融入计算机技术的线性代数课程实践与探索"的改革,在夏季小学期开设了"数学软件 Matlab 在线性代数中的应用"课程,使用 matlab 计算机软件,将数学建模思想、实际教学案例融入线性代数教学中,将生动鲜活的实际案例引入概念学习过程中,使学生更加深入了解所学数学知识的用途,增强学生迁移学习和应用的能力。

(2)教学新理念、新技术的不断涌现促进了教学模式的不断创新。"线性代数"知识点多、理论性强,但课堂学时数少,学生主动学习的积极性不高,团队老师针对此问题采用了"翻转课堂"的教学模式。在教师的指导下,学生通过课外看视频,课内与同学、老师讨论、交流、互动等方式来实现教学过程,充分调动了学生的主观能动性,极大地提高了课堂的教学效率。此教改项目也获得2016年度校级教学成果二等奖。根据学生碎片化的学习特点,团队老师不断改进教学视频,拆分知识点,力求做到教学视频"小而精",为此,团队在首届(2015)全国高校数学微课程教学设计竞赛中荣获华东赛区二等奖。

（3）激发学生追根溯源，了解课程中定义和定理的历史意义，有助于学生寻求最佳的学习方式。在一些教学文献的启发下，团队老师探索实施了"发生教学法在线性代数教学中的研究与应用"的教改项目，以"发生教学法"的视角，基于对线性代数中若干概念主题的历史分析和对学生认知水平、逻辑水平的心理分析，重新组织编排教学材料，重构知识的发生过程，进行概念教学的设计，促进学生对概念的理解和认知，激发学生渴求知识的源动力。

（4）为顺应国内外高等教育发展趋势，推动信息技术与教育教学深度融合，也为了适应目前学生快节奏的学习模式，课程团队通过充分讨论、研究、探索，制作完成了"线性代数"Mooc在线课程，在爱课程网站平台共运行四轮，累计学习人次近两万。该课程在疫情期间，对四川大学、华东师范大学、南京理工大学、湖北文理学院、嘉兴学院、上海交通大学等多所高校的在线教学起到了很大的帮助。在线课程的成功实践启发了教学团队老师进一步去探究线上、线下混合式教学模式的应用，寻求适合学生的最佳教学方法。

（5）课程团队老师们擅于在教学中利用新媒体平台，从最早的飞信到后来的QQ、微信，同学们有课程相关的问题时总能通过各种平台第一时间联系到老师。一个个课程微信群、一页页聊天记录，见证的是师生切磋中的教学相长；一次次详细回复、一条条图文信息，传达的是授业解惑时的真诚关爱。

爱岗敬业，奉献在教书育人第一线

"线性代数"课程改革团队的8名老师均是活跃在科研、教学一线的骨干。尽管对所讲授内容了然于心，但他们始终坚持"课比天大"的原则，每次上课前认真准备，兢兢业业上好每堂课。

"教师爱岗敬业，体现在对学生负责，对教学负责。"团队中的一名教师如是说道。无论多么疲惫劳累，他们总是以饱满的情绪，充满激情地讲授课程，团队多名教师教评都在同门课程前列，共获优秀教师奖3人次、烛光奖4人次、教学成果奖2人次、首届微课程教学设计奖1人次、晨星奖3人次、青年教师奖2人次。在教学之余,团队老师们从未停止科研的脚步,他们参与主持基金项目 30 项,发表科研论文 60 余篇,其中团队成员司梅曾获得上海市自然科学一等奖,高云获得了 2017 年华人数学家大会最佳论文奖。

教学和科研齐飞,知识和启迪并进。团队老师们在教学过程中坚持把前沿科研动态和最新的应用成果介绍给学生,激发学生的科研灵感。在课堂上老师们常说:"我们要走别人没走过的路,想人家没想过的问题。"这样的启发和鼓励使同学们直接了解科研中一些想法的来源、起点和动机,体会到探索中的喜怒哀乐。马俊老师 2016 年曾和学生在课堂互动,课后带领学生探究,把所得结果汇集成文发表在有名的 SCI 杂志上,论文荣获"上海交大 2016 届优异学士学位论文"。

"十年树木,百年树人"。帮助学生取得优异成绩,实现目标,成就最好的他们,是老师们最大的成就感。团队老师近三年主持 PRP 项目 2 项,指导本科毕业设计近 20 名,有多位老师指导的毕业论文获优秀学士论文;指导研究生近 30 名,博士生 8 名。教授"线性代数"课程的同时,团队老师积极培养博士生助教,帮助他们选取合适的习题课材料,和他们讨论教学的技巧和方法。博士生助教赵馨上的"线性代数"习题课场场饱满,常常一席难求,博士助教赵馨和熊彦祺获得卓越助教奖。如今走上了工作岗位的她们时常聊起老师们对她们的培养和锻炼,心怀感激。

育才先育人,课程团队不仅钻研学术和教研,提高教学能力,更关注着同学们的人格成长与精神世界。当学生们在学习、生活上碰到挫折时,团队老师会及时引导、帮助他们。曾有位电院的学生在大一结束时就到了退学的边缘,蒋启芬在办公室多次和该学生谈心,解决学生的思想问题和学习上的迷茫和困惑,将那位同学从退学的边缘拉了回来。也常有申请海外留学的学生来找他们咨询,老师们利用自己的宝贵休息时间,仔细了解每名学生的情况,给予他们最合适的推荐。在过去的几年里,有多位老师推荐的学生得到了剑桥、伯克利、普渡等名校的 offer,经指导的数学建模小组荣获美国大学生数学建模竞赛特等奖。老师们的人格魅力和倾情付出赢得了各届学生们的认可。

"线性代数"课程团队的老师们奉献在教学一线,用自己的学识、阅历、经验点燃同学们对真善美的向往。教书育人,"线性代数"课程改革团队一直在路上。

育人与创新同举,责任与使命同行

——记农业与生物学院植物—微生物互作教学改革团队

【团队名片】

陈功友:上海交通大学农业与生物学院长聘教授,唐氏学者,国际植物病原细菌学委员会主席,农业公益行业专项首席科学家,教育部本科教学指导委员会委员。

陈捷:上海交通大学农业与生物学院特聘教授,二级教授,国家玉米产业体系岗位科学家。

邹丽芳:上海交通大学农业与生物学院副教授,"SMC－晨星青年学者奖励计划"优秀青年教师,2018 年校优秀班主任,2019 年校"十佳班主任"。

李雅乾:上海交通大学农业与生物学院副教授,"SMC－晨星青年学者奖励计划"优秀青年教师,2015 年校优秀班主任。

王新华:上海交通大学农业与生物学院副研究员,国家玉米产业技术体系、上海市鲜食玉米产业技术体系专家成员和有机认证技术专家。

【名师名言】

■ 兴趣的培养应该从大一开始,教学不止在课堂上,还在实验室中,要通过实验室教学来激发学生的兴趣和潜能。用一流科研反哺教学是团队"卓越科创生"培养的特色。

■ "顶天立地"的卓越农科创新人才要以服务国家战略需求和解决农业"卡脖子"技术为使命。

■ 学高为师,德高为范,师爱为魂,大爱无边。

"民以食为天,农为食之本"。农业与生物学院有这样一支"植物—微生物互作"教学团队,他们以培养我国一流农科人才和保障我国粮食安全为己任,兢业勤恳、薪火相传,不断开拓创新。他们立德树人、教书育人,争做教学实践改革的先行者。

该团队由长聘教授陈功友、特聘教授陈捷,副教授邹丽芳和李雅乾以及副研究员王新华等组成,他们以我国主要粮食作物水稻和玉米重大致灾病害发生与防控为抓手,在分子和组学水平上揭示植物—病原物互作机理,开辟作物广谱抗病育种新途径,研发生态防控微生物制剂和产品,构筑"产—学—研—转—推"相结合的教学科研平台,科技创新寓于人才培养中,"教育增值"成效显著。

爱农兴农,用一流科研反哺教学

在工科优势的综合性大学中,农科如何吸引交大学子,激发其好奇心,培养其立志成为一流农科人才,一直面临着挑战。该团队以培养"宽口径、厚基础、强适应"的农科复合型创新人才为宗旨,开设了"农业有害生物防控的基因设计""生物防治""植物保护学""植物保护概论""植物检疫学""微生物工程"和"微生物与人类"7门本科生课程以及"分子植物病理学""高级植物病理学""植物病原细菌学"和"植物有害生物防治案例研究"4门研究生课程。团队教师不断探索新的教学方法。作为教育部本科教学指导委员会委员,陈功友教授意识到"研究兴趣应该从大一开始",并开设了新生研讨课"农业有害生物防控的基因设计",他的教学不止在课堂上,还在实验室中,深受学生好评,教学评价处于全校前列,两次获得交大优秀教师二等奖。陈捷教授探索出一条将"马克思系统自然观"和"生态平衡理论"相结合的教学方法,应用于"生物防治"课程的教学实践,提出批判式、讨论式、思考式和创新技能培训是提升农科课程教学效果的有效途径。他结合教学实践,主编了《植物保护概论》等两本教材,成为我国高等农业教学的核心教材。

团队意识到农科人才的培养除了"教得好""学得好",更应该注重"用得好",要通过实验室教学来激发学生的兴趣和潜能。团队依托学院"农耀计划"

"绿谷杯"和学校"莙政项目",成立了本科生科技创新工作室-植物保护科研团队工作室(简称"植保科团"),制定了"卓越科创生培养"计划,以"明确的目标—清晰的思路—卓越的执行力—量化的评估"作为行动指南,注重学生决定性思维的培养和独立科研能力的养成。近5年来,该团队共指导莙政项目4项,PRP项目10项,IPP项目10项和毕设15人次,其中4人荣获校优异学士学位论文,本科生为第一发明人申请2项发明专利,荣获第一届上海交通大学大学生生命科学创新竞赛一等奖;4人以第一作者发表中文核心期刊论文4篇;2014级本科生徐金波在国内权威农业期刊 *Journal of Integrative Agriculture* 上发表了封面文章,2015级本科生李逸朗在国际权威学术期刊 *Plant Pathology* 上发表研究论文,并在团队保研深造。植保科团的本科生还获得了农生学院绿谷杯竞赛一等奖1项、二等奖1项、三等奖3项和优胜奖1项。

匠心为本,培养"顶天立地"的卓越农科创新人才

"千古幽贞是此花,不求闻达只烟霞"。该团队注重本硕博和硕博贯通培养,使之成为"花中君子",以服务国家战略需求和解决"卡脖子"技术为使命,以理论创新促进技术和应用的突破,将研究生素质与能力培养融于科研创新中。3年来,该团队成员先后主持国家自然科学基金重点项目2项、面上项目6项、国家科技专项1项、国家重点研发计划课题2项和子课题4项、上海市科技兴农重大和重点项目3项,做好了人才培养的"后勤部长"。

"因材施教、言传身教、亦师亦友"是团队人才培养的秘诀。团队制定了"卓越研究生培养"计划,针对每位研究生制订详尽的目标定位和培养计划,同时强化他们的"硬本领"和"卓越执行力",而且还带领他们走向国际舞台,培养其国际化视野,80%的博士研究生参加过国际学术会议。团队依托"微生物代谢国家重点实验室"和"农业农村部都市农业重点实验室",通过"请进来走出去"的方式,每周举办线上和线下学术沙龙;2次大型国际学术会议的首次举办加深了与国际同行的交流和合作;博士生以第一作者身份在国际权威期刊 *Nature Commucations* 和 *Molecular Plant* 发表研究论文2篇,2人次获得上海市优秀硕士

学位论文,1 人次获得交大优秀博士论文提名奖,1 人次获得中国科协托举人才工程支持,1 人次成为"博新计划"获得者。60%的博士毕业生赴国外从事博士后研究,40%的走向国内科研单位成为学术骨干。

团队注重把"论文写在祖国大地"上,让研究成果转化、服务于农业生产实践。农业农村部玉米产业技术体系岗位科学家陈捷教授和上海市鲜食玉米产业技术体系专家成员的王新华副研究员,3 年累计技术指导和成果推广面积约 2.1 万余亩,促进产业增产增收 1 000 多万元,曾荣获上海市农业科技促进活动先进个人。团队形成了以木霉菌为主的"产—学—研—转—推"体系,建立了全国最大木霉菌资源库和国际首个木霉菌精准鉴定与高通量筛选系统,首创木霉菌—芽孢杆菌共生型菌剂分子设计与创制技术,专利技术转化 7 家企业,新增销售额 3.05 亿元,新增利润 1.22 亿元。三年累计推广 2 150 万亩次,16 种病害的防效为 60%～96%,增产 9%～20%,新增销售额 91.2 亿元,新增利润 42.8 亿元。编写第一部木霉菌生物农药国家行业标准,获菌肥证 2 项,授权国家发明专利 14 件,软件著作权 3 件,申请美国发明专利 1 项,先后荣获上海市科学技术进步奖一等奖、教育部高等学校科学研究优秀成果奖一等奖和神农中华农业科技奖科学研究类成果二等奖。

薪火传承,用大爱为人才培养撑起理想的天空

一支优秀的团队,必有卓越的领航者。陈功友教授作为水稻细菌病害行业专项的首席科学家,每年夏天都会辗转我国水稻产区战高温调研;学院水稻温室和实验田,他是去得最勤的人,并亲自整田和插秧。在繁重的副院长行政工作和抢占国际"学科制高点"的双重挑战下,他身体严重透支,2019 年 6 月患上了严重的胃病。胃切除手术后,身体稍有好转,他就开始伏案写作,带领团队与"美欧五国联盟"竞争,在 *Molecular Plant* 发表了水稻广谱抗病育种新途径的成果,抢先美国和德国竞争对手 1 个月。陈捷教授作为国家玉米产业体系岗位科学家,一年大约 100 天奔波在全国玉米产地指导病虫害防治。在 2 位领航者的率先垂范和言传身教下,团队成员个个勤奋严谨、脚踏实地和勇于奉献,三位年轻

老师先后晋升为副教授和副研究员,其中2位荣获交大晨星学者奖励计划,现在他们已是教学和国家重点专项研究的骨干成员。

学高为师,德高为范;师爱为魂,大爱无边。团队博士研究生徐正银在攻读学位期间,母亲确诊乳腺癌晚期,父亲生病丧失了劳动能力。陈功友老师自掏腰包资助其生活费,号召团队师生捐款,帮助申请困难救助;同时与他开展心与心的交流:"你既然在我这里读博士,我就不能让你的青春浪费了……"徐正银从母亲病逝的悲痛中振作起来,在导师和团队鼓励和帮助下,作为第一作者的研究结果抢先欧美竞争团队在国际权威期刊 *Molecular Plant* 上发表。他在博士论文的尾页中写道:"历览前贤,自古雄才多磨难。展舒琴心剑胆,养吾浩然之气,志坚平波澜。千帆皆阅尽,归来仍少年!"毕业后,他留在团队从事博士后工作,目前正与隆平高科合作,致力将新成果应用于水稻生产,保障国家粮食安全。

作为本科班主任的李雅乾副教授荣获2015年校优秀班主任,邹丽芳副教授先后荣获2018年校优秀班主任、2019年校"十佳班主任"。她们工作认真负责,热爱和关心学生,不仅是学生学习道路上的指路人,更是学生人生征程上的榜样。李映斌同学在获得北京大学法学院的保研资格后,给邹老师微信说:"邹老师,我每次想起之前大一您让我们写的三个愿望,心里就充满力量,真的很感谢您!"

一代一代的交大农生人,他们学农、爱农、兴农,是国家现代农业科技战线上的领军人物、生力军;他们不忘初心,服务国家战略,为中国培养卓越的农科创新人才不断探索,砥砺前行。

附录：上海交通大学 2020 年"教书育人奖"获奖名单

"教书育人奖"一等奖（个人奖）获奖名单（共8名）

姓　　名	单　　位
杨建民	船舶海洋与建筑工程学院
郭为忠	机械与动力工程学院
孔海南	环境科学与工程学院
古宏晨	生物医学工程学院
崔　勇	化学化工学院
郑　杭	致远学院、物理与天文学院
王先林	凯原法学院
胡伟国	瑞金医院

"教书育人奖"二等奖（个人奖）获奖名单（共20名）

姓　名	单　位
赵社戍	船舶海洋与建筑工程学院
黄永华	机械与动力工程学院
陈卫东	电子信息与电气工程学院
姜传海、蔡　艳	材料科学与工程学院
周保学	环境科学与工程学院
陈春丽	数学科学学院
沈增明	化学化工学院
张　霞	生命科学技术学院
刘荣厚	农业与生物学院
傅　磊	药学院
唐宗明	安泰经济与管理学院
彭诚信	凯原法学院
丁晓萍	人文学院
蔡　军、李玉红	设计学院
姚　武	体育系
张何朋	自然科学研究院
查琼芳	仁济医院
蔡　军	医学院基础医学院

"教书育人奖"三等奖（个人奖）获奖名单（共 30 名）

姓　　名	单　　位
尹静波、于洪洁	船舶海洋与建筑工程学院
张延松	机械与动力工程学院
邱卫东、田晓华、田社平、朱燕民	电子信息与电气工程学院
陈　军	材料科学与工程学院
卫淑芝	数学科学学院
缪毅强	物理与天文学院
魏　霄	化学化工学院
陈海峰、王灿华	生命科学技术学院
严亚贤	农业与生物学院
顾琴轩	安泰经济与管理学院
甄凤超、李　菲、顾　凯	外国语学院
文学武	人文学院
高福进、邓　军	马克思主义学院
韩广华	国际与公共事务学院
李　峰	上海高级金融学院
马澄斌	密西根学院
吴　强	系统生物医学研究院
赵　雷	医学院基础医学院
包玉倩	第六人民医院
仇玉兰	医学院公共卫生学院
葛　恒	仁济医院
钱继红	新华医院

"教书育人奖"提名奖（个人奖）获奖名单（共38名）

姓　名	单　位
陈思佳	船舶海洋与建筑工程学院
杜世昌、管　斌、康小明、李大永、林　萌	机械与动力工程学院
孟桂娥、张士文、孙锬锋、王景川、陈海宝	电子信息与电气工程学院
窦红静、董安平	材料科学与工程学院
钱　昆	生物医学工程学院
宋文滨、羌晓青	航空航天学院
张晓东、虞国富	数学科学学院
王　伟、罗卫东	物理与天文学院
张召儒	海洋学院
焦顺山	农业与生物学院
袁伟恩	药学院
郑　欢	安泰经济与管理学院
曹　慧、杨惠玉	外国语学院
张志云	人文学院
牟　怡	媒体与传播学院
于红妍	体育系
李　佳	中英国际低碳学院
卜艳萍	继续教育学院
岑逾豪	高等教育研究院
汤正好	第六人民医院
张陈平、王旭东	第九人民医院
彭代辉	精神卫生中心
刘振国	新华医院
顾　铎	医学院学生工作指导委员会

"教书育人奖"集体奖（学院改革类）获奖名单（共 3 项）

获奖等第	团　　队	负责人	单　　位
一等奖	重症医学科团队	汤耀卿	瑞金医院
二等奖	致远创新研究中心团队	邵志峰	致远学院
二等奖	国际化交叉学科人才培养团队	黄佩森	密西根学院

"教书育人奖"集体奖（教学团队类）获奖名单（共 5 项）

获奖等第	团　　队	负责人	单　　位
一等奖	大学化学教学团队	韩　莉	化学化工学院
一等奖	全英文教学团队	邵国松	媒体与传播学院
二等奖	生物医学工程专业 ABET 认证团队	童善保	生物医学工程学院
二等奖	线性代数课程改革教学团队	蒋启芬	数学科学学院
二等奖	植物-微生物互作教学改革团队	陈功友	农业与生物学院